AF359941

MÉTHODE NOUVELLE

pour apprendre à parler
et à lire le Français,

PAR

Louis TESSON

Professeur de Français
au New-England College of Languages, à Boston (Etats-Unis).

❦ ❦ ❦

Prix : 1 fr. 25

❦ ❦ ❦

PARIS
Ch. AMAT, Éditeur
11, rue Cassette, 11

LA ROCHELLE
Noël TEXIER, Imprimeur
Rue des Sᵗᵉˢ-Claires, 29-31

1911
Tous droits réservés.

Publications Nouvelles
pour les Ecoles

Par Louis TESSON

Le Français Fonétique, métode nouvelle pour apprendre et pour enseigner le français. . . . . Fr. **1** »

Livre de Lecture Phonético-Orthographique, 2ᵉ édit. **1.50**
— Deuxième partie . . . . **1** »

Le Verbe français Raisonné, exposé d'une méthode tout à fait nouvelle pour apprendre et pour enseigner les verbes français **0.20**

Le Verbe Français Raisonné, méthode tout à fait nouvelle pour apprendre et pour enseigner les verbes français . . . **1** »

Le Conjugateur Orthographique des Verbes Français, méthode nouvelle et facile de conjuguer les verbes français. **0.50**

L'Ami du Professeur de Français, première partie . . **0.30**
Deuxième édition. **0.50**

Méthode nouvelle pour apprendre à lire et à parler le français **1.25**

Le Français à l'Etranger, par P. D'Agog. Première partie, **0.30**
Pour les Etats-Unis, les prix sont de **25** *cents* et de **10** *cents*, au lieu de **1** franc et de **30** centimes.

Prix spéciaux pour les écoles et les clubs.

En préparation :
Grammaire Fonétique Raisonnée de la Langue Française.

PRÉFACE

Le français court un grand danger dans les collèges
et les écoles des Etats-Unis. Il y est enseigné généralement comme langue morte, et l'esprit pratique des
Américains en est arrivé à cette conclusion, qu'il ne vaut
pas la peine d'apprendre une langue vivante étrangère si
on n'arrive pas à la parler. Ce sont des présidents et des
professeurs d'universités qui ont émis publiquement cette
opinion.

Il va sans dire que les associations de professeurs de
langues vivantes se sont émues de ces déclarations réité-
rées. Elles n'ont pas eu de peine à reconnaître que
celles-ci étaient bien fondées, et elles ont exprimé le vœu
que l'étude des langues vivantes commence dans les
classes primaires, c'est-à-dire quelques années plus tôt
qu'à présent, et par un cours oral. Rien n'est plus naturel
que ce désir, mais il n'est pas facile de le réaliser. En
effet, le français étant enseigné comme langue morte, la
plupart des professeurs des écoles secondaires ne savent
guère le parler. Il leur faut donc apprendre à le parler,
avant de pouvoir l'enseigner oralement.

D'un autre côté, parmi les Canadiens-français, le
français, qui est leur langue maternelle, ne fait pas tous
les progrès qu'il devrait faire, surtout aux Etats-Unis,
dans les centres franco-américains. Il se perd parce que
les classes populaires, qui composent la plus grande partie
de la population franco-américaine, ne le parlent pas

correctement, et leurs descendants, qui apprennent l'anglais, donnent la préférence à celui-ci, parce qu'ils le parlent bien et parce que c'est la langue du pays.

Ainsi la même cause produit les mêmes effets chez les Américains et chez les Canadiens. Les deux problèmes n'en font donc qu'un, en réalité. Pour assurer la continuation du français en Amérique, il faut apprendre à le parler. C'est une question de méthodes, et comme les méthodes actuellement en usage ne donnent pas ce résultat, il faut les changer pour d'autres qui puissent le donner.

La condition première pour bien parler est d'avoir une bonne prononciation. Il y a une foule d'élèves étrangers qui savent assez bien écrire le français, mais qui ne sauraient prononcer deux mots correctement. Il faut donc étudier d'abord la prononciation.

Prononcer, c'est émettre correctement les sons qui forment les mots d'une langue. Le français se compose de trente six sons fondamentaux. La phonétique élémentaire nous apprend le mode de formation de ces sons et leurs rapports ; c'est la première étude à faire oralement.

Connaissant bien les sons du français, il convient d'en étudier la représentation par l'écriture.

L'écriture conventionnelle de la plupart de nos langues est si irrégulière qu'on en est venu à apprendre la prononciation de mots entiers en bloc, comme pour l'écriture idéologique des Chinois. Ce procédé, si lent qu'il soit, peut convenir à ceux qui ont l'occasion de parler une langue journellement avec des personnes instruites qui leur donnent la bonne prononciation, et ils appliquent celle-ci aux mots écrits. Mais pour celui qui apprend une langue étrangère il est évident que le procédé à suivre est inverse. Ce n'est pas le mot parlé, — entendu rarement, — qui doit donner la prononciation ; mais le mot écrit, le seul que l'élève peut avoir facilement quand il le désire, pendant les quelques années de son étude. Il faut donc une écriture qui marque la prononciation.

Il y a différents systèmes d'écriture pour marquer la prononciation : plusieurs phonétiques, dont la phonétique internationale est la plus répandue et est très justement estimée, surtout pour les hautes études de phonétique. Cependant l'intérêt des élèves doit déterminer le choix à faire. Mettons-nous donc à la place de ces élèves. Ce sont des petits Français qui n'apprendront que leur langue, ou des étrangers qui, pour le moment, ne songent qu'à acquérir les éléments du français. Tous désirent apprendre d'abord à bien parler, le plus tôt possible, ensuite à écrire suivant les règles de l'orthographe.

Puisque tel est leur but, quel intérêt auraient-ils à se servir d'une phonétique aux signes bien différents de ceux de l'orthographe ? A quoi bon recourir à un alphabet étranger, si l'alphabet ordinaire nous fournit tous les signes nécessaires pour représenter les trente-six sons du français ? Nous aurons ainsi l'avantage d'éviter la transcription phonétique et l'emploi d'une écriture qui n'aurait aucune utilité pour nos élèves. L'alphabet ordinaire nous fournira donc tous les signes nécessaires pour représenter les trente-six sons français, et voici comment : Dérogeant aux lois de la vraie phonétique, nous conservons les digrammes orthographiques *gn, ou, eu* (comme dans *eux*), ou pour représenter ces digrammes, nous ajoutons un petit signe spécial aux lettres orthographiques n, o, e. Les sons nasaux *an. ôn, in, un* sont représentés par ces mêmes voyelles précédées d'un point ou surmontées d'un petit trait (*.a, .o, .i, .u,* ou plus conformément à la phonétique, *.a, .o, .e,* et *.è*). Les autres sons sont représentés, en orthographe, par une seule lettre de l'alphabet ou par plusieurs. Les lettres uniques, chacune pour un seul son, entrent naturellement dans notre écriture, *i*, *u*, *b*, *d*, *l*, *m*, *n*, *p*, *r*, *t*, etc. Parmi les lettres diverses qui représentent les mêmes sons, nous prenons la plus commune que nous employons constamment. Par exemple, le son *s* est représenté en orthographe par *s*, *c*, *ç*, *x* et *t*. Nous employons *s* dans tous les cas, nous formons ainsi un alphabet pratiquement phonétique en ce que chaque son est représenté par un signe unique (comptant les digrammes comme un signe simple) et orthographique en ce que tous ces signes appartiennent à l'alphabet, quelques-uns avec de légères modifications. Il s'ensuit qu'un certain nombre de mots appartiennent à la fois à l'orthographe et à notre phonétique. De cette manière nous pouvons donner dans nos exercices quelques mots et quelques phrases de ce genre, comme *Papa a de la salade*. A vrai dire, comme il serait difficile de former un grand nombre de phrases semblables, pour étudier la prononciation, on fera bien d'écrire en phonétique sans se préoccuper de l'orthographe. Cependant, tôt ou tard on devra apprendre l'orthographe, ou plutôt les graphies de l'orthographe, mais dans un ordre régulier, méthodique, les unes après les autres, et pour cela il faut que nous ayons pour point de départ et pour base, une écriture phonétique dans laquelle viendront s'incorporer tour à tour ces graphies diverses.

Alors se présente un autre obstacle. Les graphies orthographiques ont souvent plusieurs valeurs que rien ne distingue. Heureusement il nous est facile de remédier à ce défaut de l'écriture usuelle par quelques signes diacritiques très simples : une apostrophe placée après une lettre ou un digramme, pour marquer le son clair d'une voyelle ou le son doux d'une consonne, ou une virgule renversée (') ou deux points (:) avant une lettre ou un digramme, pour marquer le son grave d'une voyelle ou le son dur d'une consonne. Dans la pratique, il suffit de marquer les voyelles graves par une virgule renversée ou deux points, et les consonnes douces par une apostrophe, l'absence de marque signifiant voyelle douce et consonne dure. Si ces signes ne suffisent pas pour marquer les diverses valeurs d'une lettre nous avons recours au point-virgule (;). Les lettres muettes se mettent en italique ou entre parenthèses, de cette façon, notre phonétique en s'incorporant les unes après les autres les graphies diverses de l'orthographe, évolue constamment vers celle-ci et elle finit par se confondre avec elle, ayant en plus un système de notation de la prononciation aussi simple que le permet l'outillage ordinaire de la typographie.

L'avantage de ce procédé tout nouveau est que l'élève n'est jamais embarrassé pour prononcer ; il n'a pas besoin de recourir à une transcription phonétique. Dès qu'il est sûr des trente-six sons du français — ce qu'il est relativement facile d'acquérir — lire est pour lui une opération des plus simples. Il n'a pas besoin d'avoir entendu prononcer un mot nouveau. Au contraire, chaque syllabe, chaque mot lui marque de la manière la plus claire une prononciation qu'il connaît. C'est ainsi qu'il apprend seul la pronciation des mots, même avant leur sens et plus facilement que leur sens ; et le sens une fois connu restera plus facilement dans la mémoire, s'il s'appuie sur la réalité vivante et sonore de la parole représentée fidèlement, au lieu de ne tenir qu'à l'image de signes sans valeur phonétique certaine.

C'est en forgeant qu'on devient forgeron et en parlant qu'on apprend à parler. C'est bien clair ; il n'est donc pas étonnant que la plupart des professeurs de langues vivantes des Etats-Unis et du Canada s'accordent à reconnaître la nécessité de l'enseignement oral. Il entrait dans le programme d'études que nous nous sommes tracé de chercher à rendre cet enseignement plus facile, surtout pour le professeur étranger. Nous lui offrons donc ainsi qu'à ses élèves une méthode nouvelle qui puisse leur marquer constamment la prononciation et qui leur serve de guide. Nous avons fait notre part de recherches et nous espérons qu'elles ne seront pas inutiles pour la solution du problème de l'enseignement oral du français, solution dont dépend l'avenir de la propagation de notre langue en Amérique. En tout cas, nous offrons ce travail à nos confrères des Etats-Unis et du Canada, avec l'espoir qu'il leur sera de quelque utilité pour l'enseignement du français, qui devient de plus en plus difficile dans les conditions toutes particulières où il se fait en Amérique.

Manière de se servir de cette méthode

Cette méthode est destinée à tous ceux qui commencent l'étude du français, ou tout au moins de la prononciation du français. Elle convient également aux enfants et aux grandes personnes qui ont besoin de corriger leur prononciation et aux étrangers qui veulent en acquérir une bonne. Il est évident que, pour les élèves qui ne comprennent pas le français, le maître doit donner la traduction des morceaux de lecture.

L'enseignement des sons doit se faire d'abord oralement, surtout pour les enfants qui ne savent pas lire. Alors le livre n'est qu'un guide pour le maître. Celui-ci est juge de l'étendue des connaissances phonétiques à donner aux élèves, et il doit les exposer dans un langage qui soit à portée de leur intelligence. Nous lui conseillons de consulter les ouvrages de l'abbé Rousselot et *Les Sons du Français* (Firmin Didot, Paris), par Paul Passy, qui fait autorité en matière de phonétique et qui nous a servi de guide pour tout ce qui concerne l'étude des sons. Ensuite le maître fait refaire les mêmes exercices à l'aide du tableau des sons du français, reproduit en gros caractères sur le mur de la classe. Si les élèves savent déjà lire, ces exercices se font rapidement; dans le cas contraire, il faut y mettre le temps nécessaire, et ce temps ne saurait être très long, car il ne s'agit pour le moment que d'apprendre trente-cinq signes dont chacun représente invariablement un des trente-cinq sons du français.

Ces signes ont l'avantage d'appartenir à l'alphabet français, avec quelques points additionnels pour marquer les voyelles nasales. Ils forment ainsi une sorte de sténographie pour l'étude des sons. Le maître peut donc s'en servir pour faire faire aux élèves des lectures et leur donner des dictées qui les exerceront à bien discerner les sons et à réformer la prononciation incorrecte qu'ils donnent à certains mots. Il peut mettre encore plus de variété dans son enseignement par des conversations comme celles que nous donnons et qui lui permettront d'améliorer le langage des élèves à tous les points de vue : prononciation et construction. Il fera bien aussi de dicter et de faire apprendre par cœur des morceaux de bons auteurs.

Il est plus facile d'apprendre les règles de la langue parlée et la conjugaison des verbes indépendamment de l'orthographe. On peut en faire l'essai avec *Le Français Fonétique*.

De toute façons, il faut en venir à l'étude de l'écriture usuelle. C'est le but de la deuxième partie de cette méthode. Ici notre procédé consiste à incorporer les unes après les autres les diverses graphies de l'orthographe avec celles qui sont déjà connues. Bon nombre de ces graphies cependant sont communes à plusieurs sons et certains sons sont représentés par plusieurs graphies ; d'où la nécessité de marquer ces différences. Dans cette deuxième partie le maître n'a donc qu'à faire lire les élèves pour les habituer aux graphies de l'orthographe et à la notation de la prononciation. Il peut encore varier son enseignement par de petites leçons de conversation basées sur les morceaux de lecture.

SONS DU FRANÇAIS

avec prononciation figurée en anglais

Nº	DÉNOMINATION	SIGNE		PRONONCIATION
	VOYELLES			
	Normales d'arrière			
1	Fermée	ou	(ŏ)*	moon
2	Mi-fermée	ô		vote
3	Mi-ouverte	o		not
4	Nasale	.o	(ō)	don't
5	Ouverte	â		father
6	Nasale	.â	(ā)	aunt
	Normales d'avant			
7	Ouverte	a		fat
8	Mi-ouverte	è		egg
9	Nasale	.è	(ī)	fan
10	Mi-fermée	é		late
11	Fermée	i		feet
	Anormales d'avant			
12	Mi-ouverte	e		sir
13	Nasale	.e	(ū)	stun
14	Mi-fermée	eu	(ē)	hurt
15	Fermée	u		German « ü »

* Les signes mis entre parenthèses sont ceux du *Français Fonétique*.

N°	DÉNOMINATION		SIGNE		PRONONCIATION

CONSONNES
Plosives

N°	DÉNOMINATION		SIGNE		PRONONCIATION
16	Vélaire	s.	k		*kick*
17	Vélaire	v.	g		*get*
18	Linguale	s.	t		*total*
19	Linguale	v.	d		*datē*
20	Labiale	s.	p		*papa*
21	Labiale	v.	b		*book*

Nasales

22	Palatale		gn	(ñ)	*mignonette*
23	Linguale		n		*nation.*
24	Labiale		m		*money*

Latérale

| 25 | Linguale | | l | | *land* |

Roulée

| 26 | Linguale | | r | | *air* |

Fricatives

27	Palatale		u		*huit*
28	Palatale		y		*you*
29	Linguale	s.	ch	(h)	*show*
30	Linguale	v.	j		*azure*
31	Linguale	s.	s		*sister*
32	Linguale	v.	z		*zone*
33	Labiale	s.	f		*feet*
34	Labiale	v.	v		*valor*
35	Labiale		w		*watch*

MÉTHODE NOUVELLE

pour apprendre à parler et à lire le Français.

Cette étude élémentaire se divise naturellement en quatre parties : 1º Sons français, 2º lecture, 3º orthographe, 4º grammaire.

SONS DU FRANÇAIS

1. — La parole se compose de sons proprement dits (*a*, *é*, *ô*) ou de bruits (*p*, *b*, *f*), aux combinaisons desquels, en syllabes et en mots, l'homme a attaché un sens : papa, maman, table, etc.

Ces sons et ces bruits sont produits par les organes de la respiration et par la bouche. L'air refoulé par les poumons fait vibrer plus ou moins les cordes vocales du larynx, et passe par la bouche et même par le nez. Les différentes positions qu'on donne à la langue, aux lèvres, au voile du palais, et les divers degrés d'ouverture de la bouche forment des sons d'une qualité particulière (*a*, *o*, *i*, *u*), qu'on appelle voyelles, voix, produits par la bouche ouverte. Si, au contraire, la bouche se ferme pour interrompre l'air qui s'échappe des poumons, les cordes vocales ne vibrent pas ou ne vibrent que très imparfaitement, et le résultat est un simple bruit, une consonne, ainsi appelée parce qu'elle sonne avec une voyelle (*Pe, be, te, de, pa, bo, té, du*).

Voyelles.

2. — Théoriquement, il y a autant de voyelles qu'on peut combiner de positions des organes de la parole ; mais, en pratique, une langue n'en emploie que quelques-unes.

Ces positions diverses s'établissent au moyen de la bouche, de la langue, des lèvres et du voile du palais.

3. — On forme un passage plus ou moins grand pour l'air en rapprochant ou en éloignant la langue du palais, et l'on a ainsi, au point de vue de l'ouverture de la bouche, quatre classes de voyelles, appelées d'après cette ouverture. Il est bien entendu que *fermé* veut dire *presque fermé*, car il ne faut pas que l'air produisant la voyelle soit intercepté.

Voyelles	d'arrière		d'avant	
Fermées......	ou			i
Mi-fermées...	ô			é
Mi-ouvertes...		o	è	
Ouvertes......		â	a	

En prononçant lentement ces voyelles d'*ou* à *â* on s'aperçoit que le fond de la langue est très rapproché du palais pour *ou* et qu'il s'en éloigne un peu plus avec chacune des autres voyelles ; c'est-à-dire que d'*ou* à *â* la bouche s'ouvre de plus en plus, le fond de la langue étant relevé vers le palais et la pointe reposant au bas de la bouche.

Passant de *a* à *i*, la pointe de la langue se relève sur les dents ; un peu plus pour *è*, un peu plus pour *é*, et encore plus pour *i*.

On voit que de *ou* à *â* la bouche s'ouvre progressive-

se rapprochant du texte
ment, le fond de la langue s'éloignant peu à peu du
palais, tandis que de *a* à *i* la bouche se ferme progressi-
vement, en écartant les lèvres, la pointe de la langue se
relevant de plus en plus sur les dents.

Exercice. — 1° Faire prononcer ces voyelles de *ou* à
a et de *a* à *i*, puis de *ou* à *i* et inversement, en expliquant
aux élèves tous les changements de positions qui marquent
le passage d'une voyelle à une autre.

2° Faire prononcer les voyelles dans l'ordre horizontal :
ou, *i*, etc., et faire remarquer les changements de position de la langue.

4. — Les lèvres jouent aussi un rôle important dans
la formation des voyelles. Elles sont généralement arron-
dies pour les voyelles d'arrière fermées, neutres pour les
voyelles ouvertes, et écartées en fente pour les voyelles
d'avant fermées.

Questions. — La voyelle *ou* est-elle fermée ou ouverte ?
d'avant ou d'arrière ? etc.

Exercice. — Faire prononcer les voyelles du tableau
précédent en faisant observer que les lèvres, très arron-
dies et poussées en avant pour *ou*, se relâchent à chaque
voyelle nouvelle ; que neutres pour *a* et *è*, elles s'écartent
en fente pour *é*, et encore plus pour *i*.

Les voyelles d'avant *e*, *eu*, *u* ne suivent pas la règle
générale de la position des lèvres. C'est pourquoi on les
appelle anormales.

Voyelles	d'avant	
	anormales	normales
Fermées....	u	i
Mi-fermées ..	eu	é
Mi-ouvertes..	e	è
Ouvertes....	a	

Exercice. — 1º Faire prononcer de *a* à *i*, puis de *a* à *u*, en faisant remarquer que la bouche se ferme et que la pointe de la langue se relève de plus en plus et inversement ; 2º faire prononcer de *e* à *u*, pour constater que les lèvres s'arrondissent de plus en plus ; 3º faire prononcer dans l'ordre horizontal.

Questions. — La voyelle *eu* est elle normale ou anormale ? etc.

Voyelles nasales.

5. — On appelle voyelle nasale toute voyelle prononcée en abaissant le voile du palais pour permettre à l'air expiré de passer à la fois par la bouche et par le nez.

Il y a quatre voyelles nasales dans les sons français :

$$.o \quad .â, \quad .è \text{ et } .e$$

Exercice. — Faire prononcer les voyelles *o, â, è* et *e* comme voyelles orales en faisant passer tout l'air expiré par la bouche, et comme voyelles nasales en faisant passer une partie de l'air expiré par le nez.

Certaines personnes prononcent *e* nasal comme *è* nasal. Pour saisir la différence de ces deux sons faire l'exercice suivant :

Exercice. — 1º Faire prononcer les voyelles *è* et *e* comme orales ; *è* oral, puis nasal ; garder la position de *è* nasal et arrondir les lèvres comme pour *o*, on obtient *e* nasal ; 2º Faire prononcer : *pain, vin, serin, voisin, teint, crin, brin, matin ;* 3º *un, chacun, parfum, humble ;* 4º *un pain ; un parfum fin ; un voisin humble.*

Consonnes.

6. — La différence entre une voyelle et une consonne est que la première est le son produit par la vibration des cordes vocales et modifié par la résonnance de la bouche ou de la bouche et du nez, tandis que la deuxième consiste essentiellement en un bruit produit par l'interception de l'air expiré, dans la bouche, le nez ou la gorge.

EXERCICE. — 1° Faire prononcer les voyelles orales : *ou, u, ô, â, a, è, e, é, eu, i, u*; 2° les voyelles nasales : .*o*, .*a*, .*è*, .*e*; 3° les consonnes *f, s, p, t, k*; 4° les voyelles et les consonnes : *ou, p, o, t, ô, k, â, p, a, t, è, k, e*, etc.

REMARQUE. — Une consonne ne pouvant se prononcer seule, on y ajoute le son *e*, aussi bref que possible.

Dans quelques consonnes, les cordes vocales vibrent un peu; on les appelle vocaliques ou douces. Ce sont :

$$v, z, b, d, g, j.$$

Dans d'autres, les cordes vocales ne vibrent pas. Ce sont les voyelles soufflées ou sourdes :

$$f, s, p, t, k, ch.$$

EXERCICE. — Prononcer les consonnes précédentes horizontalement : *v, z,* etc., puis verticalement : *v, f, z, s,* etc.

On voit que ces consonnes vont par paire, c'est-à-dire qu'à une consonne vocalique correspond une consonne soufflée : *v, f,* etc.

Quelques consonnes vocaliques, *m, n, l, r,* n'ont pas en pratique de consonnes soufflées correspondantes.

7. — La condition de la formation des consonnes étant l'interception ou le rétrécissement du passage de l'air, il s'ensuit qu'on les classe : 1° suivant leur mode de formation sous ce rapport, arrêt complet de l'air comme pour *p*, ou partiel comme pour *f*; 2° suivant la place où a lieu l'articulation, entre les deux lèvres comme pour *p*, et entre les dents et les lèvres comme pour *f*.

D'après la manière dont l'air expiré est intercepté, on divise les consonnes en cinq classes :

PLOSIVES. — Le passage de l'air est complètement fermé et souvent d'une manière brusque, de sorte qu'il se produit une sorte d'explosion :

$$p, b, t, d, k, g.$$

NASALES. — Le passage de l'air est fermé ou ouvert de la même manière, dans la bouche; mais en même temps le voile du palais reste baissé, de sorte que l'air passe par le nez :

$$m, n, gn.$$

LATÉRALE. — Le passage de l'air est fermé dans le milieu et ouvert sur les côtés.

$$l.$$

ROULÉE. — Le passage de l'air rencontre une obstruction placée et enlevée en rapide succession.

$$r.$$

FRICATIVES. — L'air rencontre un passage si étroit qu'il produit un bruit continuel de friction.

$$y, ch, j, s, z, f, v, w, u \text{ (consonne devant une voyelle).}$$

QUESTIONS. — 1° Quelle consonne est la consonne *d* pour le passage de l'air? — RÉPONSE : Plosive. — 2° Est-elle sourde ou vocale? — R. : Vocale, etc.

8. — D'après la place d'articulation, on distingue six classes principales de consonnes :

Labiales. — Formées avec les lèvres ou avec les lèvres et les dents :

p, b, m, f, v, w, u (suivi d'une voyelle).

Linguales ou dentales. — Formées avec la pointe ou la face de la langue et les dents ou les gencives supérieures :

t, d, n, l, r, ch, j, s, z.

Palatales. — Formées entre le milieu de la langue et le palais dur :

y, gn.

Velaires. — Formées au commencement du palais mou.

h, g.

Exercice. — Faire prononcer les consonnes dans l'ordre donné par le tableau des sons du français, horizontalement, puis verticalement, de manière à en bien comprendre les rapports.

Questions. — Quelle sorte de consonne est la consonne *gn* au point de vue de la place d'articulation ? — Réponse : Palatale. — Au point de vue du passage de l'air ? etc.

TABLEAU DES SONS DU FRANÇAIS

		NORMALES		ANORMALES
		d'arrière	d'avant	d'arrière
VOYELLES	Fermées.	ou	i	u
	Mi-fermées.	ò	é	eu
	Mi-ouvertes.	o .o	è .è	e .e
	Ouvertes.	â .â	a	

	Vélaires	Palatales	Linguales	Labiales
CONSONNES Plosives.	K G k g		T D t d	P B p b
Nasales.		GN gn	N n	M m
Latérale.			L l	
Roulée			R r	
Fricatives.	U Y u y	CH J S Z ch j sz	F V f v	U W u w

Syllabes et mots.

9. — Lés différents sons se combinent de toutes façons pour former des syllabes et des mots.

EXERCICE. — Faire prononcer les voyelles *ou*, *ô*, etc., en les faisant précéder et suivre successivement de toutes les consonnes dans l'ordre du tableau des sons du français :

k ou k ô etc. ou k ô k etc.
g ou g ô etc. ou g ô g etc.
t ou t ô etc. ou t ô t etc.
d ou etc.

EXERCICE. — Faire prononcer les voyelles en les faisant précéder et suivre à la fois des consonnes :

kouk kôk kok kâk
goug gôg gog gâg etc.

LECTURE

10. — Refaire tous les exercices précédents à l'aide des tableaux des sons du français reproduits en gros caractères sur le mur de la classe. Le maître indique avec une baguette les lettres à prononcer séparément ou en combinaisons de syllabes et de mots.

Un trait d'union placé devant un « e » (-e) indique un « e » qui se prononce très faiblement et qu'on appelle « e » muet. On indique aussi cet « e » muet en le mettant entre parenthèses (e) ou par une lettre italique (*e*).

11. — Dé jeu né, dî né, sou pé, sou p-e, sa la d-e, to ma t-e, ba na n-e...

Papa a de la salad(e). La ville a une rue rapid*e*...

A ni mal, che val, va ch-e, â-ne...

Ma mèr(e) a un(e) villa sur la rive du fleuve...

12. — Les plosives *k*, *g*, *t*, *d*, *p*, *b*, et quelques fricatives, *ch*, *s*, s'unissent avec les liquides *l*, *r*, au commencement des syllabes.

EXERCICE. — Prononcer les plosives et les fricatives avec *l*, et toutes les voyelles successivement :

kl ou kl ô kl o etc.

gl ou gl ô gl o etc.

Même exercice avec *r*, au lieu de *l*.

Ta bl-e, sar di n-e, pro mena d-e, gre na d-e, bri ga d-e...

Le frèr-e de mon ami a un-e tabl-e de mar-br-e admirabl-e. .

La dentale *s* s'unit parfois avec les dentales *t* et *l*, ou la labiale *p*, au commencement d'une syllabe.

Sta bl*e*, sla v*e*, spas m*e*, spi ri tua lis *te*, stu pi d*e*, sté ri l*e*...

Les diphtongues *uô*, *uo*, etc., *wou*, *wô*, etc., sont précédées et suivies de consonnes comme les voyelles simples.

Tui l*e*, sla v*e*, wig wam, wis ki, war rant...

13. — Notre frère a une étable où il y a une vache. La poule a volé sur l'arbre. Le cheval a galopé; il a marché samedi par toute la savane Le père de mon ami Eutrope a acheté le parasol de Fortuné. L'été, le parasol a son utilité.

Signes de ponctuation. — L'apostrophe (') remplace une voyelle élidée devant une autre voyelle. Ex. ; *K'e* pour *Ke e.*

La virgule (,) et le point-virgule (;) divisent les différentes parties d'une phrase. Le point (.) marque la fin d'une phrase. Le point d'interrogation (?) une question. Et le point d'exclamation (!) une exclamation.

Une phrase commence toujours par une lettre capitale ou majuscule.

Remarque. — Les petits exercices de lecture qui précédent sont à la fois phonétiques et orthographiques, à part une très petite différence ; c'est que l' « e » muet final est marqué par une lettre italique, ou un trait d'union, ou mis entre parenthèses. Le nombre de ces exercices ne peut être que très limité. Aussi donnons-nous quelques exemples d'exercices en phonétique avant de procéder à l'étude de l'écriture conventionnelle.

Conversation.

14. — K'ès k'il y a d.â sèt ch.âbr ?
— Il y a dé tabl, dé pupitr é dé chèz.
— Y a-t-il dé tablô ?
— Wi, il y .ân a.
— K.oby.è y .ân a-t-il ?
— Il y .ân a trwâ.
— Ou s.ot-il ?
— Sur lé mur.
— Kèl è set ch.âbr ?
— S'è notr sal de klâs.
— Y a-t-il bôkou d'élév d.â votr klâs ?
— Wi, il y .ân a kar.ât.
— S.ot-il studyeu ?
— Wi, la plupar le s.ot.
— D.â kel klâs èt-vou ?
— Je sui d.â la katryèm klâs.
— Ki è votr mètr d'ékol ?
— S'è Mesyeu Bèrnar.
— Mesyeu Bèrnar èt-il sévèr ?
— N.o, il ne l'è pâ.
— Ou demeur-t-il ?
— Il demeur ô bou du vilaj.

ORTHOGRAPHE

---

15. — L'apostrophe (') ne fait que remplacer une voyelle élidée, c'est-à-dire supprimée dans la ponctuation, et par conséquent ne change pas la prononciation des autres lettres. Ex. *L'ami* (pour *Le ami*).

L'accent grave sur *a* et sur *ou* (à, où) et l'accent circonflexe sur *u* (û) ne sont que des signes orthographiques qui ne changent pas la prononciation de ces voyelles. L'accent grave distingue, dans l'écriture, la préposition *à* du verbe *a*, et l'adverbe de lieu *où* de la conjonction *ou*.

L'accent circonflexe sur *e* (ê) lui donne la même valeur que l'accent grave (è). L'accent circonflexe sur *i* ne change pas la prononciation de cette lettre.

L'orthographe ne marque pas l'accent circonflexe de *â* nasal (à).

I. — Il a plu ou il a grêlé à l'île Petite, où il y a l'abîme, ou à l'île du Chêne, où pousse la mûre.

II. — L'ékol où j'étudi è situé à l'èkstrémité de la vil. Èl a un gr.ad kour avèk dé chên é dé hètr é .e gr.a jard.è, où il y a bôkou de légum.

16. — L'orthographe emploie beaucoup de lettres qui ne se prononcent pas. Elles sont marquées, dans notre écriture spéciale, en italiques ou en caractères gras, ou placées simplement entre deux traits d'union. Un seul trait d'union est suffisant lorsque la lettre ou les lettres muettes se trouvent à la fin d'un mot. On peut se servir aussi de parenthèses au lieu de traits d'union.

I. — Le ch.a-mp de m.o-n gr.a-nd pèr-e, situé prè-s du bour-g, a été dévasté d.a-ns la nui-t par un-e b.a(n)d-e de vagab.o-nds.

II. — Les légum*es* du jard.*èn* s.*ont* très b.*ons*. Il y a dés pom*mes* de tèr*re*, dés navè*ts*, dé tomat*es*, étc. Le pêché*r* don*ne* dés pêch*es* très bon*nes*. Je préfèr*e* lés prun*es*, é*t* vóus, ne lés préféréz-vous pâs ?

17. — L'orthographe ne marque pas toujours l'accent de prononciation sur les voyelles *o* (ô), *a* (à), *e* (é, è). Pour guider l'élève, cet accent est remplacé par l'un des deux signes suivants : apostrophe (') ou deux points (:). L'apostrophe se place après une voyelle, tenant la place d'un accent aigu et les deux points devant une voyelle, tenant la place d'un accent grave.

I. — Je suis fatig*ué*. J'étudi*e* tro*p* s.ans dout*e*. Je ne suis p:as malad*e*; pourt:an*t* j'éprouv*e* un*é* douleu*r* d.*ans* le d:os, e'*t* je suis suj:et à t.omb*e'r* ma*l*ad*e*, si je ne me don*ne* p:as de rep:os.

II. — J'é .*en* chy.*èn* ki :es*t* très fidèl*e* e'*t* trèz .*ènt*:ellij.an*t*. Je lui é a*ppris* bôkou*p* de tours ki amuz*ent* me's kamarad*es*. Il me sui*t* partout où je v:es. Il s'a*ppelle* Médor. L'ave'z-vous vu?

18. — Au contraire de ce qui précède, l'orthographe marque des accents circonflexes qui ne se prononcent pas : *â* pour *a*, *ô* pour *o*. Dans ce cas, l'apostrophe (')

placée après la voyelle accentuée, indique que l'accent est nul pour la prononciation.

I. — Nous marchâ'mes pour alle'r à l'*hô*'t:el e'*l* à l'*hô*'pital. Nous p:assâmes par la rue de la M.ontagne. Nous prîmes la gran*d*'route.

II.— Eme'z-vouz à alle'*r* à l'ékole ? Pour mwa s':est .e gr.a*nd* plézir. .On i travaye, s:ert:euem.a*nt*, m:ez .o*n* s'i amuze ôssi bôkou*p*, p.a*nd*.a*nt* le's rékré:asy.o*ns*. Le's mètres s o*nt* si b.o*ns* e'*l* si de'vwés ke nous leu*r* obé.iss.o*ns* toujours, e'*l* nous sav.o*ns* d'ayeurs ke s':es*t* pour notre by.e*n*.

19. — Les lettres *k* et q représentent le même son en orthographe et n'en représentent pas d'au:re.

I. — Qu.a*nd* me donnere'z-vous le képi e'*l* la tunique que vous m'avez achelés e'*l* qui s.o*nt* d.c*ns* votre ch.ambre?

II. — J'e' .en uniforme de kolléjy.è*n* tou*l* neut. Le képi :es*l* garni de gal.o*n* d'or, kom*me* la tunique, qui :est .a dra*p* bleu Le's bout o*ns* s.o*nt* doré's. Me's botlines s.o*nt* toutes neuves. Je .suis by.è*n* *h*abiyé.

20. — La lettre *l* représente aussi le son *y* en orthographe. Dans ce cas, notre écriture la fait suivre d'une apostrophe (l'). La lettre *i* devant une voyelle représente le son *y*.

I. — Le mil' :es*l* semé près de l'ail' ; le sol:eil' le's mûrira. Vous le semie'z plus tô*l* l'.a*n* d:ernie'*r*.

II. — Il y a de'z é'lèves qui ne s.o*nt* p:as fi:ers

e'*t* qui vwâ*ent* tous leurs kamarades du même oeil'. D'ötres, ô k.ontrère, .on*t* trop d'orgueil' e'*t* se krwa*ent* supérieurs ôz ôtres. .An jénéral, le's b.onz é'lèves s.on*t* mod:estes. Ilz .on*t* de l'amitié pour leurs kamarades s.ans dist.ènksi.o*n* de r.a*ng* ni de k.ondisi.o*n*.

21. — Le son *j* est représenté aussi par *g* devant *e* muet, *e, é, è, ê* et *i*. Ce *g* doux prend l'apostrophe (g').

I. — Se g'énéral a s:ervi sous le rég'ime d:ernie'*r*. S:et élève :es*t* le fils du g'eôli'*er* de la forteresse.

II. — Se peti*t* gars.o*n* :est trèz .ènt:ellig'.an*t*. Il étudie bôkou*p* e'*t* il :es*t* le premie'*r* de sa kl:asse. S':est .e*n* travai*ll*'eur. Il ora du suksès d.a*ns* le m.on*de*.

22. — Le son *k* est aussi représenté par *c* (devant *a, o, ô, u* et *ou*). Devant *e, é, è, ê* et *i*, le c représente aussi le son *s*. Le son doux (s) de *c* est marqué par l'apostrophe (c').

I. — C'e siffle*t* :est c:assé. C.onsole'z-vous e'*t* alle'z à l'école.

II. — C'e cheval :est .e*n* b:el animal. Il cour*t* très vite d.a*ns* le's courses. Il a g:agné pluzieurs prix. .A*n* connèsse'z-vous d'ôssi bô e'*t* d'ôssi b.ons ? Ic'i, ô collèg'e, .o*n* ne s'occupe ni de chevôx ni de courses. C':est .e*n* plézir réz:ervé pour le's vac.anc'es.

23. — Le son *s* se représente aussi en orthographe par *t, ç, x* (t' ç ; x).

I. — L'addit'i.*on*, la soustract'i.*on* e'*t* la multiplic:at'i.*on* s.*ont* de's règles fac'iles. Si;x e'*t* si;x f.*ont* douze.

II. — Notre c.omp:ozit'i.*on* de c'e's jours d:ernie'*rs* étè*t* assez diffic'ile. C''étè*t* la narr:at'i.*on* d'une :ekcursi.*on* que nouz avi.*ons* fète la semène d:ernière sur la m.ontagne. La mi:en*ne* étè*t* une de's m:eill'eures. J'é été le trwâzième .*en* franç:ais.

24. — Les deux lettres *g* et *n* formant ensemble lè son *gn*, comme dans le mot « Espagnol' », on*t* parfois leur valeur séparée. Dans ce cas, *g* est précédé de signe de prononciation dure (:g).

I. — C':e't ét.a*ng* :es*t* sta:gn.a*nt*.

II. — C'est ôjourd'*h*ui jour de ç.ong'é. M.*on* père e'*t* ma mère vi.:endr.*ont* me ch:erche'*r*, e'*t* nouz ir.*onz* .*en* vil*le*. C':es*t* jour de fware. Il y a toutes sor*tes* de sp:ectacles à vwar .e'*t* surtou*t* le cirque, av:ec se's chevô*x*, se'z éléf.a*nts* e'*t* se'z animô*x* féroc'e*s*.

25. — Une séule lettre *x* représente en orthographe deux combinaisons de deux consonnes chacune, *ks* et *gz*. Notre écriture spéciale représente *ks* par :*x* ou simplement *x*, et *gz* par *x'*.

I. — L'e'ex'aminateur :exc'ite l'élève.

II. — Le li.*on* a l'èr maj:estueu*x*. On l'app:el*le*

le rwa de'z animô. Le tigre :est d'une féroc'ité :extrême. E'x'amine'z bi.èn c'elui que nouz av.ons dev.ant nous, d.ans c':ette cag'e. Vwaye'z c':et ours ; sa démarche n'est guère élég.ante ; mèz il :est amuz.ant. M.ènten.ant all.ons vwar le's s.éng'es.

26. — Le son *z* se représente aussi par *s* (s') et par *x* (x;).

I. — Le's'élèves s.ont d.ans la cl:asse; ils' .ont réc'ité leurs leç.ons; ils s.ont *heureux*, e'*t* fi:ers.

II. — Le's jours de c.ong'é s.on*t* cour*ts*. Il me s.amble que je ne *suis* sorti du *collèg'e* que depuis qu:elques'*heures*, e'*t* vwala que déjà il me fôt i retourne'*r*. Adieu père, mère, frères e'*t* soeurs, ou plutô*t* ô revwar, car le's vac.anc'es ne tarder.on*t* p:as' à a*r*rive'*r*.

27. — Le son *w* se représente par *ou* devant une voyelle. Le son *ch* se représente par *ch'*.

I. — Oui, Louis, le's ch'ou:el*tes* crien*t* la nui*t* e'*t* nous réveil'*lent*.

II. — Louis a reçu de's lou.ang'es pour le jeu de bar*res*, e'*t* il mérite d'être loué, car il :est très b.on j'oueur. J'é joué asse'z bi.èn moi-même ôtrefwa.

28. — Les diphtongues *wa* et *wâ* se représentent toutes deux en orthographe par *oi*. Pour distinguer le son *a* du son *â*, on écrit le premier *oï'* ou simplement *oi*, et le second :*oi*.

I. — La voiture :es*t* arrêtée d.ans le b:ois, près de Bl:ois.

II. — D.a*ns* le m:ois d'avril il ne fè*t* guère froid. Nous l.ong'e.ons la v:oie du ch'em.èn de f:er, e'*t* nous' all.o*ns* d.a*ns* le's b:ois. L'es' arbre*s* comm.anc'e*nt* à se couvrir de feu*ill'es*, e'*t* l'es viol:et*tes*, ambôme*nt* le's s.antie'*rs*.

29. — Les sons *é* et *è* sont représentés en orthographe par le même digramme *ai*. On marque le son clair *é* par *ai'* ou simplement *ai*, et le son grave *è* par :*ai*. :*E* est représenté aussi par *ei*, *ey* et *ay* (*ei*, :*ey* et ;a*y*).

I. — J':aime le's gr:os'eil'*les* e'*t* le's fr:ais'*es* ; j'irai cu*eill*'ir de's fr:ais'*es* mardi à F:ern:*ey*.

II. — C':est .e*n* plais'ir *que* d'alle'*r* à la c.ampagne .an été pour i cu*eill*'ir *toutes* sorte*s* de fru*its* : fr:ambois'*es*, mûre*s*, fr:ais'*es* e'*t* c'eris'.*es* sôvag'*es*. Il y :an a bôkou s:et*te* année. Le's pomme*s*' e'*t* le's poires ser.o*nt* très' ab.ond.antes ôtour de Dou:a*y*.

30. — Les sons *o* et *ô* sont représentés en orthographe par le même digramme *au* (*au'* ou *au* pour *o* et :*au* pour *ô*).

I. — Paul Maur*e* a de l'autorité com*me* m:air*e* de la commun*e*. Il a be:aucou*p* de b:esti:au*x* e'*t* de ch'ev:au*x*, m:ais' il :es*t* mauv:ais m:aître.

II. — J':aime'à a*lle*'r .a*n* bate:au sur le ruisse:au .ombrag'é de s:aul*es* e'*t* d'orme:au*x*. Le's' ois'e:au*x* i ch'.ant*ent* tou*t* le jour .an été. D.a*ns* la pr:airi*e* p:aisse*nt* le's be's-

ti:aux, le's boeu*fs*, le's vach'*es*, le's ve:aux, le's ch'ev:aux
e'*t* le's moul.*ons*.

31. — Les voyelles nasales se représentent comme
suit :

.a par   .en   .em   .an   .am
.e par   .un   .um
.o par   .on   .om
.è par   :.en   .in   .im   .ym

I. — Le ch'em.*in* qui long'*e* le ruisse:au :es*t*
très' agréable. Il :es*t* bordé de gr.an*ds*' arbres
qui .en été .on*t* .*un* feu*ill*'ag'*e* très' ép:ais. Il y a
du t*h*.ym sur le's talus e'*t* de's fleurs :au dou*x*
parf.u*m*. Souv.en*t*, c':est .*en* me promen.an*t* à
l'.ombre de c'e's arbres que je prépare me's
leç.*ons* pour l école. Plus souv.ent .encore c':es*t*
là que je jou*e* av:ec me's camarades.

31 *bis*. — Le son *i* se représente aussi par *y* (:y).

I. — Je suis né à M.on*t*méd:y ; j':y v:ais pr:esqu*e* tous
le's' .a*ns* p:assé*r* me's vac.anc'*es*.

II. — C':el*te* année, je me prop:os'*e* d'a*ll*e'r à N.anc':y.
Je n':y suis p:as' a*ll*é depuis l.ong*t*.emps. Pour*t*.an*t* j':y ai
.*un* .*on*cle, une t.an*te* e'*t* de's cous'.i*ns*. Ils m'.on*t* .invité
à p:asse'r me's vac.anc'*es* ch'e'z eux. Je profiterai de m.on
séjour d.a*ns* c':el*te* vil*le* pour a*ll*er :au g':ymn:as'*e* pr.en-
dre de's leç.*ons* de g':ymnastiqu*e*.

32. — *Oi* en orthographe représente les sons *wa* (oi)
et *wâ* (:oi, ;oy).

I. — J'irai bi.:en*tôt* à Tr;o*y* av:ec mon ami

Pomer;*oy* e'*t* s.*on* père. C'e sera la première fois que j';y irai. Nous' :y p:asser.*ons*' .*un* m:*ois*.

II. — Moi, je partirai le premi'*er*. J'irai le's rejw.*indre* ch'e'z eu*x*, où je passerai qu:elque*s* jours ; puis nous partir.*ons* tous le's tr:*ois*.

33. — Le son *w. è* est représenté en orthographe par *oin* (o.*in*).

I. — J'ai bes'o.*in* d'un*e* mal*le*. Voule'z-vous m'.*en* prête'*r* un*e* ? J'en aurai gr.a*nd* so.*in*.

II. — Nous vwayag'*er*.*ons* 'asse'z lo.*in*. M.*on* frère vi.:*en*dra nous rejo.*indre* à l'île de's P.*in*gou.*ins*. Là nous pr.*en*dr.*ons* de's ba.*ins* de m:*er* tous le's jours. e'*t* nous fer.*ons* s*o*uv.*ent* de's parties de bate:au.

34. — *Ay* représente en orthographe les sons *éy* (a;y) et *èy* (;ay).

I. — ;Aye'z du plais'ir. Éga;ye'z-vous t.a*nt* qu*e* vous pourrez. Le t.*emps* de's vac.a*nces* ne durera p:as toujours.

II. —Il ne nous r:este qu*e* qu:elque*s* sem:ain*es*, e'*t* nous dev.*ons* bi.:*en* le's' .*emp*lwaye'*r*. D.*ans* qu:elque*s* jours nous recomm.*enc*'er.*ons* à vwayag'e'*r* v:*ers* le sud.

35. — Le son *way* est représenté par *oy* (o;y).

Il :*est* t.*emps* de f:aire ne'*tt*o;ye'*r* n:os vêtem.*ents* e'*t* de prépare'*r* n:os mal*les* pour retourne'*r* à l'école. .*En*core .*un* peti*t* vo;yag'e, e'*t* c'e sera fini pour c':ett*e* année. So;ye'z prê*t* pour la sem:ain*e* proch:ain*e*.

36. — Le son *a* se représente par *e* (e;).

La fe;m*me* de notre vois:i*n* a l':air sole:*nn*:el. C':*est*
qu':el*le* c.o*n*dui*t* s.o*n* peti*t* garç.o*n* à l'école pour la première fois. :El*le* ag'it très prude;*mm*.e*nt*.

37. — Le son *iy* se représente par *i* (;i) devant une
voyelle.

Le's' .e*n*f.a*nts* s.o*nt* .u*n* peu gâtés à la m:ais'.o*n*. Il :*est*
b.o*n* de l'e*s* pl;ie'*r* tou*t* je*n*nes à la disc'ipli*ne* de l'écol*e*.

38. — La lettre *h* est muette ou dite aspirée ; c'est-à-
dire qu'elle ne se prononce pas ou qu'elle empêche la
liaison de la voyelle qui la suit avec celle qui la précède,
ainsi que l'élision. Dans tous les cas, notre écriture la représente comme nulle pour la prononciation.

Le'*s* hér:os de l'*h*istoir*e* nous do*nn*ent de;s' e'x'.*emples*
à imite'*r*.

TABLEAU DES SONS ET DES SIGNES
DU FRANÇAIS

N^{os}	Sons	Signes Phonético-Orthographiques.
		Voyelles.
1	ou	ou où oû
2	ô	ô :o :au
3	o	o ô' au
4	.o	.o
5	â	â :a
6	.â	.a .e
7	a	a à â' e;
8	è	è ê ë :e ei eî :ai aî ;a :ey
9	.è	.è .:e .y
10	é	é e' ai a;
11	i	i î ï :y
12	e	e
13	.e	.u
14	eu	eu
15	u	u ù û
		Consonnes.
16	k	k c q ch ::x
17	g	g
18	t	t ;d
19	d	d
20	p	p ;b
21	b	b
22	gn	gn
23	n	n
24	m	m

N^{os}	Sons	Signes Phonético-Ortographiques
25	l	l
26	r	r
27	u	u
28	y	y l' i (devant une voyelle)
29	ch	ch'
30	j	g'
31	s	s ç c' t' ;x
32	z	z x; s'
33	f	f ph
34	v	v :w
35	w	w :ou

Diphtongues et triphtongues.

36	wa	oi o;
37	wâ	:oi ;oy
38	w.è	o.in
39	éy	a;y
40	èy	;ay
41	way	o;y
42	iy	;i ;y

Deux consonnes représentées par un seul signe.

43	ks	x
44	gz	x'

Note. — Au lieu de deux points (:), on peut se servir de virgule renversée ('). Au lieu de marquer les voyelles nasales par un point. on peut employer les lettres ā, ē, ï, ō, ū.

LE'S L:ETTRES

—

Ça n':est p:as très diffic'ile d'appr.endre à lire, qu.and le's m:ots s.ont écrits comme .on le's dit. Pour écrire le fr.anç:ais comme .on le parle, il f:aut tr.ente-c'.inq l:ettres.

Une partie de c'e's l:ettres s'app:elle de's vo;y:elles. Il y a .en fr.anç:ais qu.inze vo;y:elles: ou, ô, o, à ; a, è, é, i ; e, :eu, u : .on, .an, .in, .un.

Le's' .autres s.ont de's c.onsonnes. Il y a .en fr.anç:ais v.ingt e't une c.onsonnes: p, b, t, d, k, g; m, n, gn; l; r; u, w, f, v, s, z, ch, j, y.

Av:ec c'e's tr.ente-c'.inq l:ettres-là, .on p:eut écrire tous le's m:ots de la l.angue. Ma.inten.ant que nous le's conn:aiss.ons toutes, nous sav.ons lire le fr.anç:ais. Nous ne pouv.ons p:as' .encore lire d.ans tous le's livres, m:ais nous pouv.ons lire tout c'e qui :est écrit comme .on parle. Le r:este vi.:endra après, ça ne sera p:as bi.:en l.ong.

ÉGARÉ

—

La sem:aine p:assée, Je.an s'est égaré d.ans la forêt. Il ét:ait midi. Cro;ye'z-vous qu'il a pleuré, comme .un petit s:ot ? N.on.

Il sav:ait que la forêt se trouve :au sud du villag'e. D.onc, pour retourne'r :au villag'e, il f:aut alle'r :au nord. Pour alle'r :au nord qu.an;d il :est midi, .on n'a qu'à march'e'r d.ans la dir:ect'i.on de s.on .ombre.

Je.an av:ait appris tout c'ela d.ans s.on livre de l:ecture.

Il s':est bravem.ent mis' à suivre s.on .ombre. :Au bout d'.un quart d'heure, il a vu le cloch'e'r de l'églis'e qui se dr:ess:ait dev.ant lui.

Vous p.ense'z s'il :est c.ont.ent e't fi:er d'avoir été att.entif .en cl:asse.

LE'S' ABEIL'*LES*

—

Le's' abeil'*les* s.ont de's petites bêtes qui ress.emblent :aux mouch'*es*, m:ais' :el*les* s.ont .un p:eu plus gr:oss*es*.

:El*les*' .ont .un aiguil*l*'.on, e't :el*les* piquent très fort qu.an;d :el*les* s.ont .en colère; :el*les* ne piquent p:as qu.an;d .on le's l:aisse tr.anquilles e't qu'.on ne le's' e'f-fr:aie p:as.

Le's' abeil'*les* habitent d.ans' une :espèc'e de mais'.on qu'.on app:el*le* une ruch'e, e't qui ress.emble à .un pa.in de sucre.

Le's' abeil'*les* se rep:os'ent tout l'hiv:er d.ans leur ruch'e. M:ais l'été :el*les* travail'*lent* be:aucoup. :el*les* volent de fleur .en fleur pour am:asse'r du mi:el, c':est leur travail'. Le mi:el :est sucré e't très b.on à m.ang'e'r.

C'e s.ont :aussi le's' abeil'*les* qui f.ont la c'ire.

LE'S C'ERIS'*ES*

—

Une jeune fil'*le*, qui s'appel:ait Sabine, e't d.ont le's par.ents ét:aient très rich'*es*, occup:ait une ch'.ambre m:eublée av:ec be:aucoup d'élég.anc'e, m:ais d'.un asp:ect dés'agréable à c:aus'e du dés'ordre qui :y régn:ait. Sa-

bine ne la r.ang'e:ait jam.ais, e'l toutes le's' e'x'*hort*:at'i.ons
que sa mère lui *fai*[e]s':ait à c':et égard r:est:aient .infruc-
tu:eus'*es*.

Un dim.anch'*e* après-midi, Sabin*e* achev:ait sa toil:ett*e*
e'*t* se disp:os':ait à sortir *qu*.an*d* la fil'*le* du vois'.i*n* lui
apporta une corbeil'*le* r.empli*e* de gr:oss*es* c'eris'*es* noir*es*.
Comm*e* la table, le'*t* ch':ais'*es*, la commod*e*, e'*t* mêm*e* le's
tabl:ett*es* de's fenêtr*es* ét:aie*nt* .enc.ombrées de vêtem.ent*s*
e'*t* d':autr*es* obj:et*s*, Sabin*e* plaça provis'oirem.en*t* la corbeil'*le* sur .u*n* f:auteuil' garni d'un*e* étof*fe* de soie bl:eu*e*.
Puis, :el*le* a*l*la se promene'*r* av:ec sa mère d.an*s* le villag'*e*. Le soir, *qu*.an*d* l'o;bscurité fu*t* venu*e*, :elle r.entra
à la mais'o*n* e'*t* m.onta :aussitô*t* à sa ch'.ambr*e*. Comm*e*
:el*le* ét:ai*t* fatigué*e* de la promenad*e* qu':el*le* av:ai*t* f:ait*e*,
:el*le* se jeta d.an*s* le f:auteuil'. M:ais' à peine y *p*ut-:el*le*
pris plac'*e*, qu':el*le* se releva brusquem.en*t* .en pouss.ant
un gr.an*d* cri d'o'*ffroi*: :el*le* s'ét:ait assis'*e* préc'is'ém.en*t*
sur la corbeil'*le* de c'eris'*es*. :Au cri que la jeune fil'*le*
av:aí*t* jeté, sa mèr*e* accouru*t*, un*e* lumière à la ma.in.
Qu:el sp:ect:acle s'o*ffr*it alors à leurs' yeux! Le's c'eris'*es*
ét:aien*t* tout*es* écr:as'ée*s*, .u*n* jus noir coul:ait de tous
côtés le l.on*g* du f:auteuil', e'*t* la robe neuve de Sabin*e*,
une robe de taf*fe*tas bl.an*c*, .en ét:ai*t* t:el*lem*.ent .endom-
mag'ée qu':el*le* ne pu*t* dorénav.an*t* plus s:ervir. La mère
vo;y.an*t* c'ela, réprim.an*da* sévèrem.en*t* sa fil'*le*.

— Tu vois ma.inten.an*t*, ajouta-t-:el*le*, c.ombi.:en il
:es*t* néc'e'ss:air*e* de r.ang'e'*r* sa ch'.ambr*e*, e'*t* de m:ettr*e*
ch'aqu*e* ch':os'*e* à sa plac'*e*. Te voilà bi.:en puni*e* de ta
néglig'.enc'*e*, e'*l* de le's' *h*abitud*es* de dés'ordr*e*.

LE'S FR:AIS'ES

—

.Un vi:eu*x* solda*t*, qui av:ait un*e* j.amb*e* de b:ois, arriva d.ans' .u*n* vi*l*lag'*e*, où il tomba subitem.*ent* malad*e*. Ne pouv.*ant* c.ontinue'*r* sa rout*e*, il fut oblig'é de se couch'e'*r* sur la pai*l*l*è* d.ans'un*e* gr.ang'*e*, e'*t* il ét:ai*t* fort à pla.indr*e*. La petit*e* Aga*the*, fil'*le* d'.u*n* vanni*e*'*r* très p:auvr*e*, ress.en-ti*t* la c.omp:assi.*on* la plus viv*e* pour le mal*h*eur:eux; .*in*valid*e*. :El*le* al*l*:ai*t* le voir tous le's jours, e'*t* ch'aqu*e* fois :el*le* lui donn:ai*t* v.*ingt* c'.*ent*im*es*.

M:ais' .u*n* soir l'*h*onnêt*e* solda*t* lui dem.anda d'.u*n* t.*on* fort .*in*qui:e*t* : Ma ch'èr*e* .*en*f.*ant*, j'ai appris' :aujourd'*h*ui que v:os par.*ents* s.*ont* p:auvr*es*. Dites-moi d.onc fr.anch'*e*-m *ent* où vous trouv*e*'*z* tou*t* c':e*t* arg'.*ent* ; car j'aimer:ais mi:eu*x* mourir de fa.im qu*e* d'acc':epte'*r* un c' *ent*im*e* qu*e* vous n*e* pourri*ez* me donne'*r* .*en* bonn*e* c.onsc'i.*ence*.

— O'*h*! rép.ondit Aga*the*, so;yc'*z* s.ans' .*in*quiétud*e*. C':e*t* arg'.*ent* :est lég'itim*em*.*ent* acquis. Je vais' à l'écol*e* d.*ans* le bour*g* vois'.i*n*. Pour y arriv*e*'*r*, il me f:au*t* trav:erse'*r* un peti*t* bois où il y a un*e* gr.and*e* qu.antité de frais'*es*. Ch'aqu*e* fois qu*e* je p:ass*e*, j'en r.emplis' .u*n* peti*t* panie'*r* qu*e* je v.*ends* d.*ans* le bour*g*, e'*t* l'.on m'en donn*e* v.*ingt* c.*ent*im*es*. Me's par.*ents* sav*ent* bi.:*en* qu*e* je vous' apport*e* c':e*t* arg.*ent*, e'*t* ils ne s':y opp:os'*ent* po.*int*. Ils dis'*ent* sou.v*ent* qu'il y a de's g'.*ens* .*en*cor*e* plus p:auvr*es* qu*e* nous, e'*t* qu*e* nous dev.*ons* leur f:air*e* :aut.*ant* de bi.:*en* qu*e* n:os mo;y.:*ens* nous le p:erm:*ettent*.

Le vi:eu*x* solda*t* s.*entit* de's larm*es* d'att.*en*drissem.*ent* roule'*r* de se's' y:eu*x* e'*t* moui*l*l'e'*r* se's moustach'*es*.

— G'énér:eus'*e* enf.*ant*, s'écr;ia-t-il, qu*e* le b.*on* Di:eu vous réc.omp.*en*s*e*, vous' e'*t* v:os par.*ents*, de c'e's s.*ent*i-m.*ents* d'*h*umanité !

———

LE'S PÊCH'ES

--

.Un ouvr;ie'r de la c.ampagne rapporta .un jour à sa fe:mme e't à se's quatre .enf.ants c'.inq b:elles pêch'es. Le's' enf.ants vo;y:aient c'e fruit pour la première fois ; ils' .en admir:aient la fr:aîch'e couleur e't le f.in duv:et.

Le soir le père leur dit :

— Ave'z-vous m.ang'é le be:au fruit que je vous' ai donné c'e mat.in ?

— :Oui, s'écr;ia l'aî'né, c':est e'xc:ell.ent. :Aussi j'.en ai soign:eus'em.ent gardé le no;y:au. Je le pl.anterai, e't j':espère qu'il .en sortira .un arbre.

— Bi.:en, dit le père ; c':est une bonne ch':os'e que d'être économe e't de p.ense'r à l'avenir.

— Moi, dit le plus petit, j'ai tout de suite m.ang'é ma pêch'e, e't ma mère m'a .encore donné la moitié de la si:enne. C'ét:ait doux comme du mi:el.

— :Ah! rép.ondit le père, tu as' été .un p:eu gourm.and. M:ais' à t.on âg'e, c":est pardonnable. Le's' années te corrig'er.ont, j':espère, de c'e déf:aut.

— Moi, dit .un tr:ois'ième, j'ai ram:assé le no;y:au que m.on petit frère av:ait jeté par t:erre. Je l'ai bris'é e't j':y ai trouvé une am.ande qui av:ait le goût d'une noix. M:ais j'ai v.endu ma pêch'e, e't av:ec l'arg'.ent que j'.en ai reçu, je puis' .en ach'ete'r plus'ieurs' :autres qu.and j'irai à la ville.

Le père sec:oua la tête :

— C'ela p:eut par:aître une .ing'éni:eus'e idée, m:ais j'aimer:ais mi:eux mo.ins de calcul. E't toi, :Edm.ond, as-tu goûté ta pêch'e ?

— M.on père, rép.ondit :Edm.ond, je l'ai portée :au fils

de notre vois'.in, :au p:auvre G'eorg'es, qui :est malade de la fièvre. Il ne voul:ait p:as la pr.endre, m:ais je l'ai p:os'ée sur s.on lit, e't je me suis' éloigné.

— E'h bi.:en, me's'.ent.ants, dem.anda le père, qui de vous a f:ait le meill'eur us'ag'e du fruit que je vous' ai donné?

E't tr:ois d'es garç.ons s'écr;ièrent:

— C':est notre frère :Edm.ond !

:Edm.ond ne dis':ait ri.:en, e't sa mère l'.embrassa av:ec de's larmes d.ans le's' y:eux.

UNE :E'SCAPADE

—

I

J'av:ais' alors douze ans e't j'ét:ais' élève :au petit collèg'e de Sa.int-:Eustach'e, .en Fr.anch'e-C.omté.

Sa.int-:Eustach'e :est une petite ville pittor:esque e't ch'arm.ante. :Elle a une jolie rivière e't une imm.ense forêt.

L'abbé Fort.in ét:ait le dir:ecteur du collèg'e. Il ét:ait :aussi prof:esseur d'.instruct'i.on relig'i:eus'e, de ph:ys'ique, de ch'imie e't d'histoire natur:elle.

M.on cous'.in G'eorg'es e't moi, nous' avi.ons' été spéc'ialem.ent recomm.andés' à l'abbé e't, ch'aque jour, il nous donn:ait une leç.on particulière de lat.in.

Nous' arrivi.ons d.ans sa ch'.ambre à 4 heures, e't dur.ant une heure, il nous' e'xpliqu:ait le's difficultés de la l.angue de C'ic'ér.on.

M:ais le b.on abbé n'ét:ait p:as toujours' e'x'act, e't nous profit'i.ons de s.on a;bs.enc'e pour :explore'r sa bibliothèque.

.Un jour, nous découvrî'mes .un volume .intitulé Rob.ins.on Crusoé. Nous le dévorâ'mes. Il produis'i*t* sur nous .un*e* .impr:essi.*on* étr.ang'*e* e'*t* prof.*onde*.

La t.empêt*e*, le n:aufrag'*e*, l'île dés':erte, le*'s* vo:yag'*es* de Rob.ins.*on* :au v:aisse:au ab.andonné, l'apparit'i.*on* de la ch'èv*re*, la grot*te*, la trac'*e* d'.un pie'*d* huma.in sur le sable, V.endredi, les' s:auvag'*es*, tou*t* c'ela nous' :exc'ita :au plus *h*:au*t* degré e'*t* occupa bi.:entôt tout*es* n:os p.ensé*es*.

II

.Un soir, comm*e* nous sorti.*ons* de la ch'.amb*re* de l'a*bb*é, G'eorg'*es* m'arrêta d.a*ns* l'.antich'.amb*re* e'*t* me di*t* :

— J'ai .un proj:e*t* :
— Lequ:el?
— J'ai c'in*q* fr.a*ncs*. C.ombi.:en d'arg'*ent* as-*t*u?
— J'ai tr:ois fr.a*ncs*.
— C'ela su*ffit*. Nous partir.*ons* c'et*te* nui*t*.
— Partir! m'écr;iai-j*e*.
— :Oui, nous partir.*ons* pour *H*.ambour*g* c':ette nui*t*. M.*on* pè*re* :est .*en* rel:at'i.*ons* av:ec de rich'*es* march'.a*nds* de c':et*te* vil*le*. Nous n'.*en* somm*es* p:as' à un*e* très gr.and*e* dist.anc'*e*. Nous' :y ser.*ons* d.a*ns* q*u*.inze jours. Arrivés là, nous nous' .e*n*gag'er.*ons* comm*e* mouss*es* sur .*un* v:aisse:au, e'*t* il nous sera fac'il*e* de découvrir un*e* île dés:er*te* comm*e* Rob.ins.*on*.

Je risquai qu:elqu*es*' obj:ect'i.*ons*, m:ais G'eorg'*es* me p:ersuada fac'ilem.*ent*. S.*on* proj:e*t* ét:ai*t* si séduis'.a*nt*! Il fu*t* déc'idé qu*e* nous d:esc'.endri.*ons* d.a*ns* le jard.in du collèg'*e* p.end.a*nt* la nui*t* après la vis'it*e* qu*e* le dir:ect*eur* fai[*e*]s':ai*t* :au dortoir v:ers .onze *heures*.

C'ela ét:ai*t* fac'il*e*. M:ais, av.*ant* d'e'xécute'*r* notre programm*e*, .*un* scrupul*e* nous troubla. Comm.*ent* l'a*bb*é

Fort.*in*, si .*indulg'.ent* pour nous' :e;xpliquer:ait-il notr*e* a;bs.*enc'e* à n:*os* par.*ents* ?

G'*eorg'es* déc'ida de lui l:aisse'*r* un*e* peti*le* l:e*ttre*. Il écrivit :au cr;ay.*on* sur un*e* feuil'*le* de s.*on* cahie'*r* :

« Mon[e]si:eur l'a*bb*é,

« Nous ne voul.*ons* plus r:este'*r* :au collèg'*e*. Notre .*ambit'i.on* :*est* de vo;yag'e'*r* sur m:er. Q*u*.and nous ser.*ons* sur .*un* v:aiss*e*:au, nous' écrir.*ons*' à nos famil'*les* e'*t* nous vous' écrir.*ons*' :aussi. Vous' ave'*z* toujours' été si b.*on*, si .*indulg'.ent* pour nous que nous ne voul.*ons* p:as partir s.*ans* vous dir*e* :au revoir. »

Nous signàm*es* c'*e* bil'*l*:e*t*. G'*eorg'es* r.entra d.*ans* la ch'.ambr*e*, plaça le papie'*r* sur le rebor*d* :extérie*ur* de la fenêtre e'*t* pos'a dessus l':encr;ie'*r* de l'a*bb*é.

— Il trouvera notr*e* l:e*ttre* dema.*in* mat.*in* q*u*.an;d il ouvrira sa fenêtre, dit-il ; m:ais nous ser.*ons* déjà lo.*in*.

La soir*ée* me s.embla l.*ongue* Je c.omptais le'*s* minu*tes* par le'*s* batt*em*en*ts* de m.*on* pou*ls*. C'ep.end.*ant* je préparai mach'inalem.*ent* me'*s* leç.*ons* e'*t* me'*s* devoirs pour le l.*endema.in*.

:Au soupe'*r*, il me fut .impossible de m.ang'er. J'av:ais fa;im, m:ais m.on imag'in:at'i.*on* ét:ai*t* trop :exc'itée.

Les' *heures* p:assèren*t*. Le mom.*ent* déc'is'if approch':ai*t*. Nous m.ontà'm*es* :au dortoir. Je me couch'ai tout *h*abil*l*'é.

Aprè*s* la vis'i*te* de l'a*bb*é, j'.entrouvris douc'*ement* le'*s* ride:aux de m.*on* li*t* e'*t* j'ap:erçus G'*eorg'es* qui march':ai*t* sur la po.*inte* de'*s* pie'*ds* d.*ans* la dir:ect'i.*on* de la por*te*. M.*on* courag'*e* se ranima e'*t*, qu:elques minu*tes* aprè*s*, j'arrivai d.*ans* le jard.*in* où G'*eorg'es* m'a*ttend*:ai*t*.

— Vi*te*! me dit-il. Fox :*est* lâch'é.

Fox ét:ai*t* l'énorme ch'i.:*en* du collèg'*e*. Nous' :escaladâ'm*es* rapidem.*ent* le 'nur; nous s:*autâmes* d.*ans* la c.*am*pagn*e.* Nous' éti.*ons* libr*es.*

III

— De qu:*el* côté al*l.*ons-nou*s* nous dirig'*e*'*r*? dem.*an*dai-je à G'*eorg*'*es.*

— *Hambourg* :*est* :*au* nor*d,* me rép.*on*dit-il av:*ec* assur.*anc*'*e*

Nous nous dirig'*eà*'m*es* d.*on*e v:*e*rs le nor*d,* c':*est*-à-dir*e* v:*e*rs la for*êt.*

C''ét:*ait* à la f.*in* du m:*o*is de ju.*in*; l'*air* ét:*ait* dou*x.* C'ep.*en*d.*ant* je s.*en*tais le fr:*oid* e'*t* je comm.*en*ç:*ais*' à avoir qu:*elques* remor*ds.*

Qu.*and* nous' .*en*trâm*es* d.*ans* la for*êt,* le fr:*oid* me s.*em*bla .*en*cor*e* plus pénétr.*ant.*

J':*os*':*ais*' à pein*e* r:*es*pir*e*'*r.* Je m'av.*an*ç:*ais* sur la po.*inte* de's pie'*ds.* Il me s.*em*bl:*ait* que je march':*ais* d.*ans*' un*e* imm:*en*s*e* ca*t*hédral*e.* Puis je p.*en*s:*ais*' :*aux* d.*an*gers de la for*êt,* :*aux* b.*an*di*ts,* e'*t* :*au*x loup*s,* e'*t* je me ra*pp*roch':*ais* de G'*eorg*'*es.*

L'o;bscurité ét:*ait* très prof.*on*d*e* e'*t* m.*on* cons'.*in,* qui me préc'éd:*ait, h*és'it:*ait* fréqu*e*;*mm.*en*t.* Nous march'*à*'m*es* a.*in*si l.*on*g*t.*emp*s,* s *an*s nous parl*e*'*r.*

.*En*f.*in* je dis' à G'*eorg*'*es* :

— Nous' av.*on*s déjà march'é :*au* mo.*in*s tr:*ois*' *heures.* Je suis fatigué. Rep:*os*'.*on*s-nous.

Il :y c.*on*s.*en*ti*t* e'*t* nous nous' assîm*es* :*au* pie'*d* d'.*un* arbr*e* énorm*e.*

Il ét:*ait* .*en*viron d:*eux; heures* du mat.*in.*

— Écoul*e,* di*t* G'*eorg*'*es* soud:*ain*em.*ent* .*en* me s:*ais*'is*s.ant* par le bras.

— Qu'y a-t-il ?

— N'.*en*t.*en*ds-tu p:*as* c'*e* brui*t* ?

J'écoutai *halet.ant*. Il me s.embla qu'.un animal s'ag'i-t:ait d.ans la forê*t* à d:eux; ou tr:ois c'.en*ts* p:as e'*t* se dirig'*e*:ai*t* v:ers nous.

— C'est p:eut-êtr*e* .un lou*p*, dis-j*e*.

Le brui*t* se ra*p*proch':ai*t* rapidem.*ent*. Nous qui*ttâ'mes* le pie'*d* du gros' arbr*e* où nous' éti.*ons*' assis e'*t* nous gri.*mpâmes* av:ec un*e* extrêm*e* ag'ilité ch'ac.u*n* sur .un arbr*e* plus peti*t*.

IV

Nous' éti.*ons*' à pein*e* p:erch'*és* sur la premièr*e* br.anch'*e* qu'un petit êtr*e* noir, *h*:au*t* d'.envir.o*n* d:eux pie'*ds* e'*t* demi, p:assa rapidem.*ent* au-dessous de nous. Il nous fut .impossibl*e* de dist.ingue'*r* à qu:ell*e* :espèc'*e* il apparten:ait. Qu.an;d il *eut* disparu, nous d:esc'.endîmes de notre o;bs:ervatoir*e*.

— Qu:el animal :es*t*-ce ? dem.an*d*ai-j*e*. Le'*s* lou*ps* s.o*nt* plus l.on*gs* e'*t* m.oi*ns* *h*:au*ts*.

— Il march':ai*t* comm*e* .u*n* k.a*n*gourou.

— Il n'y a p:a*s* de k.a*n*gourou*s* .*en* Franc'*e*....

Notre c.onv:ers:at'i.*on* fut .int:err.ompu*e* par quatr*e* ou c'.in*q* cris p:erç.an*ts* qui ret.entire*nt* d.an*s* la forê*t*. Je s.enti*s* m'*es* ch'ev:eu*x* se dr:esse'*r*. Je tr.embl:ais de tous m*e*'*s* m.embr*es*. M*e*'*s* d.en*ts* claqu:aie*nt* de t:erreur.

— C':es*t* le k.a*n*gourou, murmura G'eorg'*es*.

— Fu.y;o*ns*, sugg'érai-j*e*. Sorto*ns* l*e* plus rapidem:e*nt* possibl*e* de c':ett*e* a*ff*r:eus'*e* forê*t*.

— Fu.y;o*ns*, rép.on*d*it-il mach'inalem.*ent*.

Nous nous préc'ipitâ'*mes* d.an*s* la dir:ect'i.*on* oppos'é*e* à c':ell*e* où le'*s* cri'*s* a:vaie*nt* ret.enti.

Bi.:en*t*ô*t* nous qui*ttâ'mes* le s.entie'*r* e'*t* arrivâ'*mes* à .un ch'em.i*n*.

Le's premières lueurs du mat.in c.ontribuèrent be:aucoup à ranime'r notre courag'e.

Comme je n'av:ais p:as m.ang'é la veil'le :au soir, je s.ent:ais vivem.ent la fa.im.

— Où sommes-nous? dem.andai-je à mon cous'.in.

— Je l'ignore ; m:ais nous' arriver.ons c':ert:ainem.ent à .une ville ou à .un villag'e. Ti.:ens, voic'i qu:elqu'.un qui nous' .indiquera la route.

.En e'ff:et, à qu:elques p:as de nous, :au bord du ch'em.in, une fe;mme ét:ait assis'e. :Au bruit de n:os p:as, elle leva la tête : nous remarquâ'mes qu':elle pleurait. C':ét:ait une p:auvre vieil'le ramasseus'e de b:ois mort.

— Me's jeunes me'ssi:eurs, nous dit-:elle, n'av'ez-vous p:as r.enc.ontré d ans la forêt une petite fil'le de s:ept .ans av:ec de be:aux ch'ev:eux noirs fris'és qui lui tombent sur le's' é'p:aules? Je suis sa gr.and'mère. Depuis hi:er soir, :elle :est p:erdue. Je l'ai ch':erch'ée toute la nuit d.ans c':ette forêt. J'ai soi;x.ante-seize .ans e't je ne suis plus vigoureus'e. Ne l'ave'z-vous pas r.enc.ontrée? :Elle :est jolie comme le's' .ang'es de's' églis'es.

G'eorg'es e't moi, nous' eûmes la même pensée.

— C'e's cris que nous' av.ons' .ent.endus... lui dis-je.

— :Oui, le k.angourou! Je suis' .un .imbéc'ile. E't s'adr:ess.ant à la p:auvre fe;mme, il c.ontinua.

— :Oui, madame. :Elle a p:assé dev.ant nous e't nous l'av ons' .ent.endue cr;ie'r.

— Di:eu soit l:oué! :Elle n':est d.onc p:as morte. Où l'av'ez-vous vue? Où l'av'ez-vous' .ent.endue? :Est-c'e très lo.in d'ic'i?

— Ne pleure'z p:as, madame, lui dis-je à m.on tour. Nous' all.ons' :explore'r toute la forêt. Nous la re'trouver.ons e't nous vous la ramèner.ons.

N:os proj:ets, n:os t:erreurs de la nuit, la fatigue e't la fa.im, tout fut oubl;ié. Nous partîmes .en cour.ant e't

nous retrouvâ'mes fac'ilem.ent le s.entie'r que nous' av.ions
suivi p.end.ant la nuit. De t.emps' .en t.emps, nous nous'
arrêti.ons e't nous cr;ii.ons de toutes n:os forc'es. M:ais
p:as' .un cri ne rép.ond;ait :aux nôtres.

V

Nous couri.ons, nous couri.ons toujours. Nous cr;iâ'mes
de nouve:au. C':ette fois, .on nous rép.ondit.

— C':est le k.angourou, dis-je à G'eorg'es. -

Il éclata de rire. Qu:elques minutes' après, nous' éti.ons
fac'e à fac'e av:ec une petite fil'le qui nous regard:ait
av:ec de gr.ands' yeux; étonnés e't roug'is par le's larmes.

Malgré sa p:auvre petite robe, :elle ét:ait ch'arm.ante,
.un véritable .ang'e, comme av:ait dit sa gr.and'mère.

— C':est gr.and'mam.an qui vous' .envoie? nous de-
m.anda-t-:elle.

Nous rép ondîmes a/firmativem ent.

— :Elle va c':ert:ainem.ent me gr.onde'r, c.ontinua-
t:elle, m:ais je l':embrasserai e't :elle me pardonnera.

G'eorg'es la prit par la ma.in droite; je la pris par la
ma.in g:auch'e. E't nous courûmes d.ans la dir:ect'i.on
où sa gr.and'mère nous' att.end:ait.

Souda.in .un bruit se produis'it d.ans la forêt e't .un
animal b.ondit dev.ant nous :au mili:eu du s.entie'r.

— Ti.:ens dit la petite fil'le s.ans' ém:oti.on, c':est Fox,
le gr:os ch'i.:en du collèg'e.

.En e'ff:et c':ét:ait Fox qui b.ondiss:ait jo;y:eus'em.ent
:autour de nous. Nous' éti.ons tout près de Sa.int-
:Eustach'e.

La ch':os'e :est fac'ile à c.ompr.endre : nous' avi.ons
suivi p.end.ant la nuit la dir:ect'i.on du nord; puis, s.ans
le remarque'r, nous' éti.ons revenus v:ers la petite vill'e
par .un :autre ch'em.in.

— Malheur:eux; .enf.an*ts* ! s'écr;ia une voix que nous reconnûmes immédiatem.*ent.*

E'*t* le b.on a*bb*é Fort.*in* paru*t* dev.*ant* nous.

— Di:eu soi*t* l:oué ! Grâc'*e* à Fox, je vous' ai retrouvés.

E'*t* il nous gr.*onda* av:ec t.*ant* d'éloqu.*enc'e* que G'eor g'*es* e'*t* moi nous commençà'mes à pleure'*r.*

L'a*bb*é fut .int:err.ompu par la vieil'*le* fe;mme qui ven:ai*t* nous rem:erc'ie'*r* du s:ervic'*e* que nous lui avi.*ons* r.*endu* .*en* retrouv.*ant* sa petite-fil'*le.*

Le p:auvr*e* dir:ecteur, très touch'é, nous di*t* :

— Après tou*t*, vous n'êtes p:as de méch'.*ants'* .enf.*ants.* Vous ne sere'*z* p:as punis. Je vous le prom:ets.

J'eus' alors .*un* mouvem.*ent* de g'énér:os'ité.

— C':e*t* arg'.*ent* que nous vouli.*ons* c.onsacre'*r* à une folie, dis-j*e* à l'a*bb*é, p:erme'*tte'z*-nou*s* de le, consacre'*r* à une bonn*e* act'i.*on.*

- - Av:ec plais'ir, me's' .enf.*ants.*

Nous réunîm*es* n:os hui*t* fr.*ancs* .que G.*eorg'es* donna à la viéïl'*le* fe;mm*e* .*en* lui dis'.*ant* :

— Ach'ete'*z* une poupée à la petite fil'*le.*

E'*t* jo;y:eux nous r.*entrâ*'mes :au collèg'*e.*

LE PA;:YS'.*AN* E'*T* L'AVOCAT

—

.*Un* f:ermic'*r* nommé B:ernar*d* av:ai*t* porté :au march'é de R:enn*es*, .*en* Bretagn*e*, se's vol:ail'*les*, se's fruit*s* e'*t* se's légum*es* pour le's v.*endre.*

Il le's v.*endit* vit*e*, à de très b.*ons* prix.

Comm*e* il ét:ai*t* .*encore* de bonn*e* *heure*, B:ernar*d* eut l'.idée d'a*ll*e'*r* c.onsulte'*r* .*un* avoca*t*, M. Potie'*r*, qui j:ouiss:ai*t* d.*ans* tou*t* le départem.*ent* d'une gr.*ande* réput:at'i.*on.*

Il dem.an*d*e l'adr:es*se* du c'élèbr*e* avoca*t*, e'*t* il se r.*en*d ch'e'*z* lui, rue Sa.i*nt*-G'*e*org'*es*, nᵒ 24.

Le'*s* cl;i.*ents* ét:ai*ent* déjà n.ombr:*eux*, e'*t* le f:ermie'*r* fut oblig'é d'a*tt*.*e*ndre l.ong*t*.*emps* d.a*ns* l'.antich'amb*re*.

.Enf.i*n* son tour a*rr*ive, e'*t* il :est .introdui*t* d.a*ns* le cabin:e*t* de l'hom*m*e dc l:oi.

— Ass:eye'*z*-vous, lui di*t* c':elui-c'i, .*en* p:os'.a*nt* se'*s* lun:e*tt*es sur s.*on* bure:au; qu':el*le* :es*t* l'a*ff*:aire qui vous' amène ?

— Ma foi, mon[e]si:eur l'avoca*t*, rép.*ond* le pa;:ys'.*an* .*en* fai[e]s'.a*nt* tourne'*r* s.*on* ch'ape:au qu'il ten:ai*t* de'*s* d:e*ux* ma.i*ns*, j'ai souv.*ent* .*en*tendu parle'*r* de vous e'*t* com*m*e je mc trouv:ais' à R:en*nes*, j'ai voulu profite'*r* de c':e*tte* occ:as'i.*on* pour vous c.*on*sulte'*r*.

— Je vous rem:erc'ie de votre c.onfi.anc'*e*, m.*on* ami, repr.*end* M. Potie'*r*; m:ais vous' ave'*z* s.a*ns* doute .*un* proc'ès ?

— .U*n* proc'ès ? jc le'*s*' ai .*en* *horreur*, e'*t* Pi:erre B:er-nar*d* n'a jam:ais' *eu* de di*ff*icultés av:ec p:erson*ne*.

— Alors vous dés'ire'*z* mc c.*on*sulte'*r* pour une liquid:a*t*'i.*on*, pour .u*n* partag'*e* de famil'*le* ?

— :E;xcus'e'*z*-moi, mon[e]si:eur l'avoca*t*, ma famil'*le* e'*t* moi nous n'av.*ons* jam:ais f:ai*t* de partag'*e*, e'*t* nous voul.*ons* c.ontinue'*r* à vivre d.a*ns* l'.i*n*divis'i.*on*.

— Ave'*z*-vous qu:elque t:erre à ach'ete'*r* ou à v.*en*dre ?

— :O*h*! n on. Je ne suis ni asse'*z* rich'*e* pour ach'e*t*'er de'*s* t:er*res* nouv:el*les*, ni asse'*z* p:auvr*e* pour v.*en*dre c':el*les* que je possède.

— M:ais' .*en*f.i*n* que voulc'*z*-vous de moi ? dem.an*de* le jurisc.*on*sul*te* étonné.

— Je vous l'ai di*t*, mon[e]si:eur l'avoca*t*, je v:*eux*; une c.*on*sult:a*t*'i o*n*. J'ai de l'arg'.*ent* pour vous p;aye'*r*, ajou-te-t-il .*en* fai[e]s'.a*nt* sonne'*r* le'*s* pièc'e'*s* dc c'.i*nq* fr.*ancs* d.a*ns* sa poch'*e*.

M. Polie'*r* m:e*t* se's lun::et*tes* e'*t* pr.*end* sa plum*e* .*en* souri.a*nt*.

— Qu::el :e*st* votr*e* n.*om*? dem.*ande*-t-il :au pa;:ys'.a*n*.

— Pi:err*e* B:ernar*d*.

— Votr*e* âg'*e*?

— Quar.a*nte* .ans c'*t* demi.

— Qu::el*le* :e*st* votr*e* pro*f*:essi.*on* e'*t* où demeur*e*'*z*-vous?

— J*e* suis f:ermie'*r* e'*t* j'*h*abit*e* av:ec ma *f*amil'*le* un*e* mais'.*on* de c.ampagn*e* d.a*ns* le's' .*en*vir.*ons* d*e* R:en*nes*.

— Depui*s* q*u*.a*nd* êt*es*-vous marié?

— J*e* suis marié depuis dix:-neu*f*[v].a*ns* e'*t* j'ai tr:ois' .en*f.ants*: d:eu*x* garç.*ons* e'*t* un*e* fi*l*'*le*. Ma *f*e;m*me* c'*t* me's' .*en*f.a*nts* travai*l*'*lent* av:ec moi.

L'avoca*t* écrivi*t* d:eu*x* lign*es*, pl;ia l*e* papie'*r* c'*t* l*e* re-mit à s.on ét*r*.ang'*e* cl;i.*ent*.

— C.ombi.:*en* vous dois-j*e* pour c'ela? lui di*t* B:ernar*d*.

— Tr:ois fr.an*cs*.

B:ernar*d* trouva qu*e* c'*e* n'ét:ai*t* p:as ch':er; il p;aya immédiatem.c*nt*, salua e'*t* sorti*t*, *heur*:eux d'avoir *eu* à si b.*on* march'é un*e* c.*on*sult:at'i.*on* du c'élèbr*e* avoca*t*.

Il arriva ch'*e*'*z* lui à *q*uatr*e* *heures* du soir. ;Ay.a*nt* *f*:ai*t* tout*e* la rout*e* à pie'*d*, il ét:ai*t* fatigué e'*t* il r.*en*tra d.a*ns* sa mais'.*on*, bi.:*en* rés'olu à se rep:os'e'*r*.

Se's *f*o.i*ns* ét:aie*nt* coupés depuis plus'ieu*rs* jou*rs* e'*t* complètem.c*nt* s:ec*s*. .U*n* de se's fi*ls* lui dem.a*nda* s'il *f*al-lai*t* le's r.*en*tre'*r*.

C'*e* soir! .int:err.ompi*t* la f:ermièr*e*; c':es*t* tro*p* tar*d* ma.int*en*.a*nt*, nous le's ram:asser.*ons* dema.i*n*.

L*e* fi*ls* o;bj:ecta qu*e* l*e* t.*emps* pouv:ai*t* ch'.ang'*e*'*r*, qu*e* le's ch'ev:au*x*; c'*t* le's ch'arr:et*tes* ét:aie*nt* prêt*s*, c'*t* qu*e* le's garç.*ons* de la f:erm*e* n'étaie*nt* p:as' occupés.

L*e* t.*emps* :es*t* sup:erb*e*, répli*q*ua la fe;m*me*, d'ic'i à dema.i*n* nous n'av.*ons* p:as' à cr*u*.i*ndre* la pluie. Si nous comm.enç.ons c'e soir nous ne pourr.ons p:as finir, la nui*t* .int:err.ompra notre travai*l*'.

B:ernar*d* ét:ait .indéc'is; il ne sav:ai*t* que f:air*e*. Tout à coup il se rapp:el*le* le papie'*r* que lui a remis l'avoca*t*.

Thérès'*e*, dit-il à sa fe;m*me*, toi qui sais lir*e*, lis-nous c':et*te* c.onsult:at'i.on ; :el*le* ne m'a coûté que tr:ois fr.anc*s*, m:ais':el*le* :est d'.un avoca*t* c'élèbr*e*. C':ert:ainem.en*t* nous' :y trouver.ons' .u*n* b.on avi*s*.

La f:ermière pri*t* le papie'*r* c'*t* lu*t* c'e's lignes' écrit*es* .e*n* gr:oss*es* l:et*tres* :

« Pi:err*e* B:ernar*d*, ne rem:et*te*'z jam:ais' :au lendema.in c'e que vous pouve'*z* f:air*e* le jour mêm*e*; f:ait*es* bi.:en la mêm*e* recomm.and:at'i.o*n* à votr*e* fe;m*me* e'*t* à v:os' .enf.an*ts*.»

B:ernard n'*h*és'ita plus. Malgré le's' o;bj:ect'i.o*ns* que voulu*t* .en*core* f:air*e* sa fe;m*me*, il ap*p*ela tous le's' do-m:estiqu*es* de la f:erme e'*t* se's tr:ois' .enf.an*ts*. Quoiqu*e* très fatigué, il se mit à la tête de's travail*l*'eur*s*, e'*t* tous le's fo.i*ns* fur*ent* r.entrés d.a*ns* le grenie'*r* le soir mêm*e*.

Il fu*t* bi.:en .inspiré; en c'*ff:et* le t.emp*s* ch'.ang'ea p.end.a*nt* la nui*t*; .un orag'*e* éclata sur la val*lé*c; un*e* pluie torr.ent'i:el*le* fi*t* débord*e*'r la rivièr*e*, c'*t* tous le's fo.i*ns* que le's pa;:ys'.a*ns* vois'.i*ns* n'av:ai*ent* p:as r.entrés fur*ent* .emport*és* par le cour.an*t*.

La récolt*e* de tous le's f:ermie'*rs* de's' .envir.o*ns* fut c.omplètem.en*t* ané.a*nt*ie; B:ernar*d* seul n'av:ai*t* ri.:en p:erdu.

A partir de c'*e* jour il adopta pour règl*e* de c.o*n*duit*e* l'avis c.o*n*tenu d.a*ns* sa fam:eus'*e* c.onsult:at'i.on. Grâc'*e* à c'ela il dev.int .u*n* de's plus rich'*es* f:ermie'*rs* du pa;:ys. Il n'oubl;ia jam:ais le s:ervic'*e* que lui av:ai*t* r.e*n*du l'avoca*t*, e'*t* il lui porta tout*es* le's' an*nées*, la veil'*le* de Noël, un*e* p:air*e* de se's plus b*e*:au*x* poul:et*s*.

LE NÈGR*E* ·E'*T* LE VO;YAG'EU*R*

—

.Un *homme* arrive .u*n* soir d.a*ns*' une petite vil*le* de Fr.anc'*e*. Il va immédialem.e*nt* à l'*hô*'t:el, sa valis'*e* à la ma.i*n*, c'*t* dem.an*de* un*e* ch'.ambr*e* pour la nui*t*.

— Il n'y a p:as de ch'.ambr*e* vac.an*te*, lui rép.on*d* le maître d'*hô*'t:el : depuis d:eu*x* jours la mais'.o*n* :es*t* pleine de m.on*de*, e'*t* il m':est .impossible de vous rec'evoir.

— Y a-t-il .un :autre *hô*'t:el d.a*ns* c':et*te* vil*le* ? dem.an*de* le vo;yag'eu*r*.

— N.o*n*. M*on*[e]si:eur ; vous sere'z oblig'é d'a*lle*'r :au vi*ll*ag'*e* vois'.i*n*. Il y a là un*e* aub:erg'*e* où vous trouvere'z c':ert:ainem.e*nt* à vous log'e'*r*.

— C'*e* vi*ll*ag'*e* :est-il lo.i*n* d'ic'i ? C.ombi.:en f:aut-il de t.em*ps* pour s':y r.en*dre* à pie'*d* ?

— Il :est à *huit* kilomètr*es*, e'*t* vous pouve'z fac'ilem.e*nt* :y a*lle*'r d.a*ns*' une *heure* ou une *heure* .u*n* quar*t*. La route :est b:el*le* e'*t* vous ne pouve'z p:as vous' égare'*r* ; .en a*ll*.a*nt* toujours tou*t* dr:oi*t* dev.a*nt* vous, vous' arrivere'z à l'aub:erg'*e*.

Le vo;yag'*eur* ét:ai*t* .indécis ; il av:ai*t* march'é be:aucou*p* d.a*ns* la journée, c'*t* la p:ersp:ective d'une nouv:el*le* promenade de plus d'un*e* *heure* ne lui souri:ai*t* p:a*s* du tou*t*.

P.en*d*.a*nt* qu'il réfléch'iss:ai*t* à c'*e* qu'il dev:ai*t* faire, .u*n* de's garç.on*s* de l'*hô*'t:el s'approch'*e* du patr.o*n* e'*t* lui parle .u*n* .inst.a*nt* à l'oreil'*le*.

— C'*e* garç.o*n* m'appr.en*d*, di*t* l'aub:erg'iste, .en s'adr:ess.a*nt* :au vo;yag'*eur*, qu'il y a c'*e* soir une plac'*e* vac.an*te* d.a*ns*' .u*n* li*t* à d:eu*x* plac'*es*.

— Qui occupe l':autre plac'*e* ?

— .U*n* nègr*e* qui :est ic'i depuis *hi*:er.

— Qu':est-c'e qu'.un nègre ? dem.ande le vo;yag'eur surpris.

— C':est .un *homme* tout noir.

— Comm.ent! .un *homme* tout noir! m.ais si je couch'e :auprès d'.un pareil' p:ersonnag'e, ne devi.:endrai-je p:as noir comme lui ?

— Il n'y a p:as de d.ang'e'r; n';aye'z :aucune cra.inte.

Il ét:ait *huit heures* du soir; le vo;yag'eur ét:ait très fatigué; il acc':epta l'o*ffre* qui lui ét:ait f:aite de partag'e'r le lit du nègre.

Le garç.on av:ait assisté à c'e dialogue, e'*t* l':air stupide du nouv:el arrivé l'av:ait be:aucoup amus'é. Qu:elle m:ystific:at'i.on pourr:ait-il bi.:en lui faire ?

Il *a*llume une boug'ie e'*t* c.onduit le vo;yag'eur d.ans la ch'.ambre où le nègre dorm:ait déjà prof.ondém.ent.

Le garç.on ven:ait de sortir e'*t* de f:erme'r la porte de la ch'.ambre lorsque le vo;yag'eur le rapp:elle.

— Garç.on, lui dit-il, je suis oblig'é de partir dema.in mat.in par le tra.in de c'.inq *heures* e'*t* demie; je vous prie de m'éveill'e'r à c'.inq *heures* :au plus tard.

— C':est bi.:en, mon[e]si:eur; vous pouve'z :y c.ompte'r. Je vous s:ouh:aite une bonne nuit.

:Aussitôt que le garç.on :est sorti, le vo;yag'eur se dés'habil'le, éte.int sa boug'ie e'*t* se couch'e.

Il dorm:ait d'un prof.ond sommeil', lorsque le garç.on ouvre la porte s.ans bruit, noirc'it la figure de notre *homme*, e'*t* sort de la ch'.ambre :aussi douc'em.ent qu'il y ét:ait .entré.

Le l.endema.in à c'.inq *heures* il réveil'le le vo;yag'eur. C'elui-c'i se lève e'*t* s'habil'le à la hâte; pour ne p:as m.anque'r le tra.in il ne pr.end p:as le t.emps de se lave'r la figure.

Il s'*a*pproch'e de la glac'e pour m:ettre sa cravate. Horreur! Il voit d.ans le miroir une fac'e toute noire!

Il son*ne* viole;*mm.ent*; :aussitô*t* le garç.*on* m.on*te*, e'*t*
s'adr:ess.an*t* très polim.*ent* :au vo;yag'*eur* :

— *Que* dés'ir*e* mon[e]si:eu*r*?

— *Que* vous'ai-j*e* recomm.an*dé hi:*er soir, garç.*on*?

— Mon[e]si:eu*r* m'a recomm.an*dé* de le réveill'*e'r* à
c'.in*q heures*. — Mon[e]si:eu*r* p:eut regarde'*r* à sa m.*on*-
tre, il v:err*a* qu'il :es*t* c'.in*q heures* préc'is'*es*.

— .Imbéc'il*e*. repr.*end* le vo;yag'*eur* furi:eu*x*, c'e n':es*t*
p:a*s* moi *que* vous' av:e'*z* reveil*l*'é, vous' av:e'*z* réveil*l*'é le
nègr*e*.

E'*t* furi:eu*x* il se rem:e*t* :au li*t* e'*t* s'.endor*t*.

AN:EC[G]DOTE SUR NAPOLÉ.O*N* Ier [PREMÍE'*R*]

*L'un*e de'*s* f.an*t*:ais'i*es* le'*s* plus' *h*abitu:ell*es* de Napò-
lé.o*n*, c'ét:ai*t* de parcourir Paris .incognito.

D.an*s* c'e'*s* :e;xcursi.*ons* à trav:ers la vil*le*, il ét:ai*t* toujours vêtu d'une red.ingot*e* bl:eu*e* .entièrem.en*t* bouton*née*
sur la poitrin*e*, e'*t* il port:ait .u*n* ch'ape:au de f:eutr*e* à
larg*es* bor*ds*.

.E*n* 1810, il voulu*t* .u*n* jour vis'ite'*r* le'*s* trav:au*x* de la
colon*ne* qu'il av:ait ordon*né* d'éleve'*r* :au mili:eu de la
plac'*e* V.endòm*e*, av:ec le br.*onze* de'*s* can.*ons* pris' à
l'en*n*emi.

D.an*s* c'e bu*t*, il sorti*t* du pal:ais de très bon*ne heure*,
suivi de Duroc, .u*n* de'*s* gr.an*ds*·maréch':au*x*; il trav.ersa
le jard.i*n* de'*s* Tuil*eries* e'*t* arriva sur la plac'*e* V.endòm*e*
:au mom.en*t* où le jour comm.enç:ait à par:aîtr*e*.

Après' avoir e'x'aminé la g'ig.an*t*:esqu*e* ch'arp.en*te*
d.an*s* tous se'*s* détai*l*'*s*, l'.empereu*r* c.ontinua s.*on* ch'e-

m.*in* .*en* suiv.*ant* la ru*e* Napolé.*on*, :aujourd'*h*ui la ru*e* de la P:ai*x*, puis tourn:*ant* à dr:oi*te*, il rem.*on*ta le boule- var*d*.

Tout .*en* c:aus'.*ant* av:*ec* Duro*c*, il arriva dev.*ant* le r:est:aur.*ant* de'*s* B*a*.i*ns* Ch'inois. — Si nous' .*en*tr;i.*ons* là pour déje*u*ne'*r*, di*t* Napolé.*on* .*au* maréch'al. Qu'.*en* p.*en*se'*z*-vous? C':*el*t*e* tourné*e* n*e* vous' a-t-:*el*l*e* p:as donné de l'a*pp*éti*t*?

— Sir*e*, c':*est* tro*p* tò*t*; il n':*est* .*en*core qu*e*_*h*ui*t* *h*eur*es*.

— Ba*h*! ba*h*! votr*e* m.*on*tr*e* retard*e* toujours. Moi, j'ai fa.i*m*.

E'*t* l'.*en*pereur .*en*tre d.a*ns* le café, s'assi:e*d* à un*e* ta- bl*e*, a*pp*:el*le* le garç.o*n*, e'*t* lui dem.*an*d*e* de'*s* côtel:et*tes* de mout.*on*, un*e* omel:et*te* :*aux* fines' *h*:erb*es* (c'ét:ai*ent* se'*s* m:e*ts* favoris), e'*t* du v.*in* de-Ch'.amb:ert.i*n*. Il m.a*ng*'*e* de très b:on a*pp*éti*t*, pr.*en*;d un*e* demi-t:ass*e* de café, puis' il dem a*nd*e la cart*e* :au garç.o*n*, e'*t* la donn*e* à Duro*c* .*en* lui dis'.a*nt* : Pa;ye'*z* e'*t* r.*en*tr.*ons*; il .*est* t.*em*ps. .*En*suit*e* il se lèv*e*, va sur l*e* seuil' d*e* la port*e* e'*t*, le'*s* m.a.i*ns* cr;ois'é*es* d:errièr*e* le d:o*s*, il s*e* m:et à si*ffl*e'*r* .*en*tr*e* se'*s* d.*en*t*s* .*un* réc'itatif itali.:*en*.

L*e* gr.a*nd* maréch'al, après' avoir v:ainem.*ent* fouill'é d.a*ns* tout*es* se'*s* poch'*es*, acqui*t* la c':ertitud*e* qu*e*, d.ans sa préc'ipit:at'i.o*n*, il av:ait oubl;ié sa bours*e*. Or, il sa- v:ai*t* qu*e* Napolé.*on* n*e* port:ai*t* jam:ai*s* d'arg'.*en*t* sur lui : il *h*és'it:ai*t* sur l*e* parti qu'il av:ait à pr.*en*dr*e*.

L*e* total m.*on*t:ait à douz*e* fr.a*ncs*; l*e* garç.o*n*, debou*t*, at*t*.*en*d:ai*t*.

P.*en*d.a*nt* c':et .*in*c'id.*ent*, l'.*en*pereur *t*ourn*e* plus'i*eurs* fois la tèt*e* du côté de Duro*c*, *en* dis'.a*nt* d'.*un* t.on d'.im- pat'i.*enc*'*c* : — A*ll*.*ons*, dépêch'.*ons*-nous, il s*e* fai*t* tar*d*. .*En* e'*ff*:e*t*, déjà le'*s* pourvo;y*eurs* c.ampagnar*ds* arriv:ai*ent* de tous côt*és* pour s*e* r.*en*dr*e* :au march'é; le'*s* l:aitièr*es* e'*t* le'*s* porteurs d'e:au c'ircul:ai*ent*.

Le gr.*and* maréch'al pr.*en*;d .*enf.in* s.*on* parti, e'*t* s'approch'.*ant* de la maîtr:*esse* du café, assis'*e* à s.*on* c.*omp*toir, lui di*t* d'.*un* t.*on* poli, m:ais' u*n* p:eu *hont:eux* : — Madam*e*, m.on ami e'*t* moi som*mes* sorti*s* c'*e* mat.*in* .*un* p:eu préc'ipitamm.*ent*; nous' av.*ons*' oubl;ié de pr.*endre* notr*e* bours*e*, m:ais je vous donn*e* ma parol*e que* d.*ans*' un*e heure* je vous' .*env:errai* le m.*ont.ant* de c':*ctte* car*te*.

— C':es*t* possible, m.*on*[e]si:eur, repri*t* fr:oidem.*ent* la dam*e*: m:ais je ne vous con*n*:ais ni l'.*un* ni l':autre, e'*t* tou*s* le'*s* jour*s* je suis' a*t*trapé*e* de la même manière.

— Madam*e*, nous som*mes* de'*s* g'.*ens* d'*honneur*, de'*s*' of*fic*'ie'*rs* de la gard*e* .*impériale*.

— :Oui, joli*es* pratiqu*es*, .en e'*ff:et que* le'*s*' of*fic*'ie'*rs* de la gard*e* !

— Madam*e*, di*t* le garç.*on* de café à la maîtr:*esse*, puisqu*e* c'e'*s* me'ssi:eur*s* .ont oubl;ié de pr.*endre* de *l'*arg'.*ent*, je rép.*onds* pour :*eux*. Je suis p:ersuadé que c'e'*s* brav*es*' of*fic*'ie'*rs* ne voudr.*ont* p:as f:air*e* tor*t* à .*un* p:auvre garç.*on* de café. Voic'i douz*e* fr.*ancs*.

— Aut.*ant* de p:erdu pour vous, fi*t* la limonadière.

Ch'em.in fai[e]s'.*ant*, Duroc rac.onta à l'.*empereur* s.on av.*enture*; Napolé.*on* .en ri*t* de b.*on* cœur.

Le l.*endema.in*, .un of*fic*'ie'*r* d'ordonn.anc'*e*, :auqu:el le gr.*and* maréch'al av:ai*t* donné de'*s*' .*instruct'i.ons* préc'is'*es*, .*entre* :au café de'*s* Ba.ins-Chinois, e'*t* s'adr:ess.*ant* à la maîtr:*esse* de la mais'.*on* :

— Madam*e*, n'.es*t*-c'*e* p:as' ic'i que d:*eux* me'ssi:eur*s*, vêtus l'.*un* e'*t* l':autr*e* de red.ingot*es* bl:*eues*, s.*ont* venus déjeune'*r hi*:er, e'*t que* n';ay.*ant* p:as d'arg'.*ent*...

— Si, m.*on*[e]si:eur, rép.*ond* la dam*e*.

— E'*h* bi.:*en* ! madam*e*, c'ét:ai*t* Sa Maj:esté l'.*Empereur* e'*t* m.*onseigneur* le gr.*and*-maréch'al du pal:ais. Puis-je parle'*r* :au garç.*on* qui a p;ayé pour :*eux*?

La dam*e sonne* e'*t* se trouv*e* mal.

L'o*ffic'ie'r*, s'adr:ess.an*t* :au garç.*on*, lui rem:e*t* u*n* rou-
le:au de c'.inqu.ante napolé.*ons*. (On appel:ait alors napolé.*ons* le's pièc'*es* d'or de v.in*gt* fr.anc*s* qu'.on appel:ai*t*
préc'éde;mm.en*t* e'*t* qu'.on appe:l*le* .encore :aujourd'*h*ui
de's l:ouis d'or).

C'e garç.*on* s'appel:ai*t* Durg.:en*s*. Qu:elques jours' après
il fu*t* plac'é comme val:e*t* de pie'*d* d.an*s* la mais'.*on* de
l'.em*p*ereur.

<h2 style="text-align:center">PREMIE'RS' E'X':ERC'IC'ES D'ÉCRITURE</h2>

—

C':es*t* v:ers l'âg'*e* de c'.inq .an*s* que j'a*p*pris' à écrire.
Ma mèr*e* me *ai*[e]s':ai*t* f:aire de gr.an*des* pag'*es* de bâ-
t.on*s* e'*t* de j.ambag'*es*. M:ais comme :el*le* écriv:ait :el*le*-
même comme .u*n* ch'a*t*, j'aur:ais barb:ou*ill*'é bi.:en du
papie'*r* av.an*t* de savoir signe'*r* m.*on* n.*om*, si je *n*'*eusse*
pris le parti de ch':erch'e'*r* moi-même .u*n* mo;y.:e*n* d':ex-
prime'*r* ma p.ensée par de's sign*es* qu:elc.*onques*. Je me
s.ent:ais fort .e*n*nu;yée de copie'*r* tous le's jours .u*n* al-
p*h*ab:*c*t e'*t* de trac'e'*r* de's ple.in*s*' e'*t* des déliés .e*n* ca-
ractèr*es* d'a*ff*ich'*c*. J'ét:ais' .impat'i.en*te* d'écrire de's
p*h*r:as'*es*, e'*t*, d.an*s* me's récré:at'i.*ons* qui ét:aien*t* l.*on*-
gu*es*, comme .on p:eu*t* le cr:oire, je m'e'x':erç:ais' à écrire
de's l:e*ttres* à ma mèr*e*, à Ursul*e* e'*t* à Hi*p*pol:yte. M:ais je
n*e* le.*s* m.ontr:ais p:as, d.an*s* la cra.int*e* que l'.*on* me dé-
f.*endit* de me gâte'*r* la ma.in à c':*c*t *e*'x':erc'ic'*e*. Je v.in*s*
bi.:entôt à bou*t* de m*e* f:aire une or*th*ographe à m.on
us'ag'*e*; :el*le* ét:ai*t* très s.implifiée e'*t* ch'arg'é*e* d'*h*iérogl:y-
p*h*es. Ma gr.and'mère surprit .u*ne* de c'es l:e*ttres* e'*t* la
trouva très drôle. :El*le* prét.*endit* que c'ét:ai*t* m:erv:eil'*le*
de voir comm*c* j'av:ais réussi à exprime'*r* me's petit*es*'

idées av:ec c'c mo;y.:en ba:bare, e't :elle c.ons:eil'a à ma
mère de me l:aisse'r gri/fonne'r seule t.an*t* que je vou-
dr:ais. Je fus d.onc livrée à me's propres rech':erches, e't
quand le's pag'es du devoir ét:aient finies, je reven:ais' à
m.on s:ystème natur:el. L ongt.emps j'écrivis' .en l:ettres
d'imprimerie, comme c:elles que je vo;y:ais d.ans le's livres,
e't je ne me rapp:elle p:as comm.ent j'arrivai à .em-
plo;ye'r l'écriture de tout le m.onde. M:ais c'c que je me
rapp:elle, c':est que je fis comme ma mère, qui appre-
n:ait l'ort*h*ographe .en fai[e]s'.ant .att.ent'i.on à la manière d.ont le's m:ots' .imprimés ét:aient c.omp:os'és.

G. S.and.

CH'ARLES-QU.INT E'T LE BUCH'ER.ON

—

.Un jour que Ch'arles ét:ait parti de b.on mat.in pour
la ch'asse, il s'égara d.ans la forêt de Soignies, e't poussé
par une fa.im de ch'asseur, il entra d.ans la cabane
d'.un p:auvre bûch'er.on.

Le déjeune'r ét:ait si frugal que l'.empereur (.on le pre-
n:ait pour .un s.imple g'.entil'homme) dem:anda s'il ne
r:est:ait p:as' un p:eu de ven:ais'.on. Le bon*h*omme,
après s'être c.onsulté av:ec sa fe;mme, que rassur:ait la
mine lo;yale de leur hôte, lui apporta une larg'e tr.anch'e
de chevreuil' salé, .en e'x'ig'e.ant la prom:esse d'une
gr.ande discrét'i.on.

A qu:elques jours de là, Ch'arles fit venir le bûch'er.on
à la cour de Bru;x:elles; .en reconn:aiss.ant l'.empereur,
le p:auvre homme se crut p:erdu. M:ais le pr.inc'e le ras-
sura e't lui dem.anda qu:el prix il e'x'ig'e:ait de s.on dé-

jeune'r. Le pa;;ys'.an ne sollic'ita que la p:ermissi.on de coupe'r librem.ent de's bal:ais d.ans le b:ois.

Sui pris de sa modér:at'i.on, Ch'arles lui accorda le petit privilèg'e qu'il s:ouh:ait:ait; m:ais, voul.ant lui f:aire immédiatem.ent .un p:eu de bi.:en, il lui comm.anda de venir le l.endema.in à la cour, lui e't sa fe;mme, appor- t.ant ch'ac.un leur ch'arg'e de bal:ais; .en même t.emps il declara que c'e jour-là il ne rec'evr:ait p:ersonne qui n'eût .en ma.in .un bal:ai ach'eté à c'e's bonnes g˜.ens. Le's cour- tis'.ans ét:aient n.ombr:eux; le bûch'er.on e't sā fe;mme v.endirent leurs bal:ais une pistole pièc'e, e't s'.en retour- nèrent à leur cabane leur bourse m:erveill'eus'em.ent gar- nie.

Ségur.

ÉS'OPE E'T S.ON M:AITRE X'.ANTUS

.Un c':erta.in jour de march'é, X'.antus, qui av:ait de's- sein de régale'r qu:elques'-.uns de se's' amis, comm.anda à E's'ope d'ach'ete'r c'e qu'il y av:ait de meill'eur e't ri.:en :autre ch':os'e. Je t'appr.endrai, dit .en soi-même le Phr:ygi.:en, à spéc'ifie'r c'e que tu s:ouh:aites, s.ans t'.en rem:ettre à la discrét'i.on d'.un :escl:ave. Il n'ach'eta d.one que de's l.angues, le'squ:elles il fit accomm.ode'r à toutes le's s:auc'es: l'.entrée, le sec[g].ond, l'.entrem:ets, tout ne fut que de's l.angues. Le's c.onviés l:ouèrent d'a- bord le ch':oix de c'e's m:ets; à la f.in, ils s'.en dégoû- tèrent. — Ne t'ai-je p:as recomm.andé, dit X'.antus, d'ach'ete'r c'e qu'il y aur:ait de meill'eur? — E'h! qu'y a-t-il de meill'eur que la langue? reprit E's'ope. C':est le li.:en de la vie c'ivile, la cle'f de's sc'i.enc'es, l'organe de la vérité e't de la rais'.on. Par :elle, .on bâtit le's villes,

.on le's polic'e, .on .instruit. .on p:ersuade e't .on s'ac-
quitte du premie'r de tous le's devoirs, qui :est de l:oue'r
le's di:eux.

— E'h bi.:en! dit X'.antus, qui prét.end:ait l'attrape'r,
ach'ète-moi dema.in c'e qu'il y a de pire : c'e's mêm.es
p:ersonnes vi.:endr.ont ch'e'z moi, e't je v:eux f:aire di-
v:ersi.on. Le l.endema.in, E's'ope ne fit .encore s:ervir que
le's mêmes m:ets, dis'.ant que la l.angue :est la pire
ch':os'e qui soit :au m.onde ; c':est la mère de tous le's
débats, la nourric'e de's proc'ès, la sourc'e de's divis'i.ons
e't de's gu:erres. Si l'.on dit qu':elle :est l'organe de la
vérité, c':est :aussi c'elui de l':erreur e't, qui pis' :est, de
la calomnie. Par :elle .on détruit le's villes, .on p:ersuade
de méch':antes ch':os'es. Si d'.un côté :elle loue le's di:eux,
de l':autre :elle profère de's blasphèmes c.ontre leur puis-
s.anc'e. Qu.elqu'.un de la c.ompagnie dit à X'.antus que
véritablem.ent c'e val:et lui ét:ait fort néc'e'ss:aire; car il
sav:ait le mi:eux du m.onde e'x:erc'e'r la pat'i.enc'e d'.un
ph:ilos'oph.e.

La F.ont:aine.